HINDI CONVERSATION FOR BEGINNERS

힌디어회화 첫걸음

हिन्दी वार्तालाप

Dr. Pratibha Mudliar

한국외국어대학교 출판부

쁘라티바 교수님의 '힌디바따라브' 책 출간을 축하하면서

쁘라티바 교수님께서 힌디회화 책을 집필하셨다. 무척 반가운 소식이다. 강의노트를 중심으로 학생들과의 접촉을 통해 과연 무엇이 힌디 공부에 꼭 필요한 것인가를 고민한 끝에 나온 역작이라고 생각한다. 초보자에게 문자에 대한 소개와 쓰는 방식을 상세하게 제시하고, 회화에 필요한 상황을 설정하여 인도 여행에서나, 인도인과의 대화시 유용한 어휘와 문장을 간단하게 소개하고 있다.

쁘라티바 교수님과 대화 중 '힌디 회화를 처음 배우는 학생들을 위한 책을 생각해 보세요'라는 한 마디에 놀랍게도 바로 원고를 준비해 오셨다. 쁘라티바 교수님께서는 오래 전부터 원고를 준비하고 계셨던 모양이다. 놀라운 일이다.

이 책에서는 힌디를 영어로 설명한 것을 한국어로 다시 해설하는 방식을 도입하여, 힌디에 관심을 갖는 외국인들에게도 기회를 제공한다. 힌디에는 한국인이 발음하기 어려운 글자들이 많다. 그럼에도 불구하고 한글로 힌디발음을 표기하려는 시도를 해 보았다. 한국어에 없는 발음은 권설음과 유성음이면서 유기음이 있다. 전자는 혀 끝을 입천장에 파열하여 내는 음이고, 후자는 'h ㅎ' 음이라는 기음과 유성음인데 한국인에게 익숙하지 못해서 어렵게 느껴진다. 유기음은 배에 약간 힘을 주어 발음하면, 유성·유기음으로 발음되므로 이 방법을 학생들에게 권장하고 있다. 이에 대한 발음 표기도 한국어 문자에 그 발음 성격에 맞게 표기하여 초보자가 쉽게 따라할 수 있게 하였다. 물론 생소한 시도이기는 하지만 한국인이 쉽게 접근할 수 있을 것으로 생각한다.

힌디회화 책이 나오기까지 많은 학생들의 도움을 받았다. 주인, 김지은, 윤혜성, 안유진, 문일도, 차은수, 오민석 군 등의 적극적인 참여와 헌신적인 수고가 큰 힘이 되었다. 이렇게 내용이 충실하고 값진 책을 출판하게 된 것에 대하여 집필자인 쁘라티바 교수님과 조력자인 학생들에게 진심으로 감사하고, 언제나 행운이 함께

하기를 기원한다.

앞으로 많은 분들이 이 책을 통하여 힌디어에 대한 친밀감을 더 많이 갖기를 기대한다. 힌디어와 관련된 다양한 책자가 나오는 것은 아주 바람직한 일이다. 다양한 책들은 힌디어를 배우려는 이들에게 훌륭한 길잡이가 될 것이고, 또한 힌디어 보급에도 일익을 담당할 것으로 기대된다.

한국외국어대학교 인도어과 교수
서 행 정

PREFACE

It gives me immense pleasure to write the present book of Hindi conversation (*vārtālāpa*) for foreign students who are seeking to learn Hindi as a foreign language. This book consists of three parts.

The first part gives complete information about the alphabet such as the sounds system of Hindi, the script denoting the vowels, consonants, conjunct consonants, the *bārah kharī*i and the *mātrā's*.

The second part consists of basic Hindi conversation which covers topics such as greetings, introduction, my family, weather, travel, shopping. at the station, at the air port etc.

This book is particularly designed to suit the practical requirement of the students who wish to acquire functional knowledge of Hindi. The conversational pattern adopted for the text is in keeping with this objective. In this part I have tried to give explanations of grammatical aspects which have occurred in the course of the lessons, although my purpose here is not to write a grammar book.

The third part consists of some useful usages and expressions in Hindi such as use of *cāhie, mat and vālā*, phrases used in the market, commands and various other expressions used in the day to day life. Common proverbs with English translations have also been provided.

I am very much thankful to Prof. Seo He Jung, Dept. of Hindi, Hankook university of Foreign studies, Seoul. whose inspiration and motivation was the driving force for me to write this book. I am not a linguist, but I am a teacher of language and literature, and it is my practical teaching experience in the class room that I have tried to incorporate in this book. Of course I have referred to many books dealing with such topics and theses have been listed in the bibliography at the end of the book. I hope that this effort which is based on my own practical way of teaching may help the students to learn Hindi as a foreign language. This book is meant only for the adult beginner's class so it has it's own limitations.

I would like to thank to Joo in, Kim Ji Eun, Yoon Hae sung, Ahn Yu Jin, Moon il do, Cha Eun Soo, Oh Min Suck my students of Dept. of Hindi, Hankook University of Foreign Studies, Seoul. who undertook the task of preparing the manuscript. I appreciate their help and assistance.

I would be failing in my duty if I did not make a very special mention of a very special contribution made by Dr. Ravinder Gargesh, Visiting Professor, Hankook University of Foreign studies. Seoul. who volunteered to go through the manuscript to make the final product more consistent. His suggestions and comments were of great help for me to prepare this book.

At this point I would like to express my gratitude towards the Authorities of Press, Hankook University of Foreign Studies, Seoul, who have shown their interest in publishing this book.

Finally, I would like to state that the merits of this book go to the linguists working in the field and the demerits and mistakes are entirely mine.

Dr. Pratibha Mudliar
Visiting Associate Professor
Hankuk University of Foreign Studies
Seoul, S, K

책을 펴내며

힌디를 배우고자 하는 모든 학생들을 위해 이 책을 쓰게 된 사실에 무한한 기쁨을 표합니다. 이 책은 세 부분으로 구성되어 있습니다.

첫 번째 파트는 자음, 모음, 연자음을 표기하는 문자의 음운체계와 같은 힌디 알파벳(데브나가리)에 대한 전반적인 정보를 담고 있습니다.

두 번째 파트는 인사말, 소개, 가족사항, 날씨, 여행, 쇼핑, 공항 등에서와 같은 주제를 다루는 힌디 회화 표현들로 구성되어 있습니다. 이 책은 특히 실용적인 힌디어 쓰임을 원하는 학생들의 요구에 맞게 짜임새를 이루고 있습니다. 본문에 적용되는 실용적인 회화체가 이 책의 목적입니다. 또한 이 책이 문법책은 아니지만 이 파트에서는 본문 도중에 나타나는 문법적인 요소들에 대한 설명을 드릴 것입니다.

세 번째 파트는 '짜이에(여격구문), 마뜨(금지)와 왈라(~하는 것, ~하는 사람)'과 같은 실용구문과 '시장에서의 쓰는 구문, 명령'과 같은 다양한 일상 표현으로 구성되어 있습니다.

영문으로 번역된 일상적인 속담 또한 들어있습니다.

이 책을 쓰는데 있어 강한 영감과 동기를 부여해 주신 한국외국어대학교 인도어과 서행정 교수님께 감사의 말씀을 전합니다. 저는 언어 '학자'가 아닌 언어와 문학 '교수'입니다. 이 책에 담고자 노력한 것은 바로 그 동안 교실에서 강의하였던 산 경험입니다. 물론 이 책에서 다룬 토픽들을 쓰면서 참고한 문헌 목록도 책의 마지막 부분에 언급하였으니 참고하시기 바랍니다. 저는 그 동안 제가 강단에서 가르쳐온 강의 경험을 토대로 이 책에 쏟은 노력들이 힌디를 배우고자 하는 외국 학생들에게 도움이 되기를 희망합니다. 이 책은 성인 초급 수준이며 이에 따른 한계를 갖고 있습니다.

원고 타이핑 등 많은 부분에서 조력해준 한국외국어대학교 인도어과 학생들에게 고마움을 전합니다. 또한 한국외국어대학교 인도어과 초청 교수로 와 계신 Dr. Ravinder Gargesh께서 자발적으로 마지막 원고를 면밀히 검토하시어 매우 중요한 조언을 비롯한 도움을 주시지 않았다면 저는 이 책에서의 소임을 다 하지 못했을 것입니다. 이 책을 집필하는 과정에서 그의 모든 조언과 제안들은 크나큰 부분을 차지하였음을 밝힙니다. 마지막으로 이 책을 발간하는 데에 관심을 보이고 협력을 아끼지 않은 한국외국대학교 출판부에 감사의 말씀을 전합니다.

끝으로 이 책이 갖는 모든 공은 이 분야 언어학자들의 것이며 결점과 실수들은 전적으로 저에게서 비롯된 것임을 밝힙니다.

Dr. Pratibha Mudliar
Visiting Associate Professor
Hankuk University of Foreign Studies
Seoul, S, K

Content

Bibliography (참고문헌) 213

Abbreviations (약 어)

adj	adjective	형용사
adv.	adverb	부사
conj.	conjunction	접속사
f.	feminine	여성
m.	masculine	남성
porn.	pronoun.	대명사
pi.	plural	복수
sin.	singular	단수
q.w.	question word.	의문사

Introduction

Modern standard Hindi is written in the Devanāgari script. This script is also employed for the writing of Sanskrit, Marathi and Nepali. The Devanāgari writing system is best considered to be a modified syllabary. It's syllabic nature results from the fact that words written in this system can be analyzed in to sequences of block-like figures, each of which represents an independent syllabary. This syllabary is a modified one because many of these figures can themselves be analyzed into smaller components standing for the individual sounds of which the syllable are composed. Characters of the Devanagri system are written from left to right and are hung from a horizontal cross bar called as shirorekha. The entire Devanagri system is not very complex in structure and can be learnt in a short period of time. The relationship between characters of the writing system and sounds of the spoken language is quite direct.

There are thirty-three simple consonant signs and to this number must be added a much larger number of conjunct consonants. These conjunct consonant letters can be formed by the combination of simple consonants through regular principles. In addition to the consonant forms Devanāgri possesses characters for eleven vowels. Each of these vowels can be represented in two different ways. When the vowel stands by itself for an entire syllable, it is indicated as an independent letter. When the vowel is preceded by a consonant, it is de notated by the placement of a diacritic mark called mātrā.

The characters of the script are given below in the traditional order and these are accompanied by the roman equivalent for transliterations. These roman letters will be found on the whole to give a close indication of the sound values (phonetic values) which they represent.

Introduction

현대 표준 힌디는 '데바나가리' 문자로 쓴다. '산스크리트, 마라띠, 네팔리' 언어도 이 문자를 사용한다. '데바나가리'의 서법 체계는 음절단위의 응용력이 매우 뛰어나다. 그것의 음절 속성은 체계에 따라 쓰인 단어가 각각의 독립된 음절의 연속으로 해석될 수 있다는 사실에 기인한다. 각자 독립된 형태로도 의미를 내포할 있는 수많은 음절들이 하나로 모여 조율되고 또 다른 뜻으로 변한다.

데바나가리 체계에서 문자는 왼쪽에서 오른쪽으로 쓰고 shirorekha라고 부르는 평행선을 긋는다. 문장구조에서 전체적인 데바나가리 체계는 그리 복잡하지 않고 단시간에 습득할 수 있다. 서법 체계의 문자와 화법에서의 발음 사이의 관계는 굉장히 직접적이다.

데바나가리에는 33개의 단순 자음과 보다 많은 결합 자음들이 있다. 이 결합 자음의 문자들은 일정한 규칙에 따라 단 자음들의 결합으로 형성된다. 자음과 함께 11개의 모음이 있다. 각각의 모음들은 두 가지 다른 방식으로 쓴다. 모음이 그 자체로 의미를 갖는 경우 그 모음은 하나의 독립된 문자가 된다. 하지만 모음이 자음과 결합할 때 문자가 되는 경우에는 이 모음을 다른 기호형태로 쓰며 이를 힌디로는 mātrā(마뜨라)라고 한다.

문자는 아래의 전통적인 순서로 주어지고 각각의 문자에는 로마자 음역을 달았다. 이 로마자 음역은 각각의 힌디 문자의 소리에 가장 근접하는 로마 대표 문자들을 단 것이다.

Part I

Hindi Alphabet

Phonetic Practice

Conjunct letter's

1. हिन्दी वर्ण माला

Hindi Alphabet
힌디 문자

1.1 स्वर [SVAR]

Vowels
모음

Devnagari	Trans-literation	Vowel Symbol	Place of occurrence	Pronunciation similar to English
अ	a 어	ॅ	This is inherent in the consonant	shut, cut, but
आ	ā 아	ा	follows the consonant	bar, car
इ	I 이	ि	precedes the consonant	hit, sit
ई	ī 이-	ी	follows the consonant	seat, beat
उ	u 우	ु	subscript	put, full, bull
ऊ	ū 우-	ू	subscript	fool, pool
ए	e 에	े	super script	hate, gate, May
ऐ	ai 애	ै	super script	bat, mat,
ओ	o 오	ो	follows the consonant	boat, coat, go, note
औ	au 오우	ौ	follows the consonant	thought, caught, house, out, mouse
अं	an 엉	ं	super script	under, hunter
अः	ah 아흐	ः	follows the consonant	bah !
ऋ	ri 리	ृ	sub script	grip, trip

Nasalized vowels use the sign of crescent with a dot above. This diacritic the chandrabindu, is written just above the head stroke of the vowel. (eg. माँ māM ; वहाँ, vahāM ; जहाँ, jahāM) or above the head stroke of the consonants to which the vowel is affixed. This sound of the nasalized vowel is being represented in the transliteration my M. Hence we have the following: (eg. यूँ yūM, चूँ cūM, हूँ hūM)

However, if the vowel symbol is a superscript, only a dot is put instead of chandrabindu to avoid crowding. This, of course, in the rule, but in practice only a dot is used above the head stroke to indicate nasal sounds as in the words below:

आईं	नहीं	में	थीं
āĩ	nahĩ	mẽ	thĩ
아잉	너힝	멩	팅-

비음으로 발음되는 모음은 초승달 표시에 점을 찍는다. 이 '짠드라빈두' 부호는 모음 머리 획 위에 쓴다. (예를 들어 माँ, māṁ ; वहाँ, vahāṁ ; जहाँ, jahāṁ 또는 모음과 결합된 자음의 머리 획 위에도 쓴다. 이 비음으로 발음되는 모음은 로마자 음역으로 ṁ이 쓰인다. 예가 더 있으니 살펴본다. (예. यूँ yūṁ 융-, चूँ cūṁ 쭝-, हूँ hūṁ 훙-)

그렇지만 만약 모음이 평행선 위에 획을 가진 문자라면 획이 겹치는 것을 피하기 위해 '짠드라빈두' 대신 '빈두' 점만 찍는다. 물론 규칙에 의해 다음의 단어들과 같이 '빈두' 점만 찍힌 문자도 비음으로 발음된다.

1.2 व्यंजन [vyanjan]

Consonants
자음

क	ख	ग	घ	ङ		
ka	kha	ga	gha	ńa		
ㄲ	ㅋ	ㄱ	ㄱ̊	ㅇ		
च	छ	ज	झ	ञ		
ca	cha	ja	jha	Ńa		
ㅉ	ㅊ	ㅈ	ㅈ̊	너		
ट	ठ	ड	ढ	ण	ड़	ढ़
Ta	Tha	Da	Dha	Na	Ra	Rha
ㄸ	ㅌ	ㄷ	ㄷ̊	ㄴ	ㄹ	ㄹ
त	थ	द	ध	न		
ta	tha	da	dha	na		
ㄸ	ㅌ	ㄷ	ㄷ̊	ㄴ		
प	फ	ब	भ	म		
pa	pha	ba	bha	ma		
ㅃ	ㅍ	ㅂ	ㅂ̊	ㅁ		
य	र	ल	व			
ya	ra	la	va			
여	러	러	버/워			
श	ष	स	ह			
sha	Sa	sa	ha			
ㅅ	ㅅ	ㅆ	ㅎ			
क्ष	त्र	ज्ञ				
ksha	tra	gya				
끄셔	뜨러	겨				

It may be mentioned that ष *Sa* is ordinarily pronounced as श *sha*

ष Sa는 보통 श sha로 발음된다. 다음의 변경 문자들은 페르시아어에서 왔다.

The following modified letters are used in words taken from the Persian Language

क़	ख़	ग़	ज़	फ़
qa	kHa	Ga	za	fa
꺼	커	거	저	퍼

Hindi is written in the Devnagari script and it is written from left to right. Vowels have their syllabic as well as diacritic forms. At the beginning of the word or when used with some other vowel, they are used in their syllabic form.
힌디는 데바나가리 문자로 쓰며 왼쪽에서 오른쪽으로 쓴다. 모음은 원래의 모음을 그대로 쓰는 경우와 다른 기호형태(마뜨라)를 쓰는 경우로 2가지 형태가 있다. 단어의 첫머리에 오거나 다른 모음과 결합하여 쓸 때는 원래 모음을 그대로 쓴다.

*For example आई *āī* 아이-, आऊ *āū* 아우-, अब *ab* 어브, ईख *īkha* 이-커,
ऊँट ū*MTa* 웅트, एक *ek* 에끄, औरत aurata 오우러뜨,
आदमी *ādamī* 아드미, इमली *imalī* 이믈리, उल्लू *ullū* 울루,

When used with consonants their diacritic form is used as shown below:
자음과 함께 쓸 때는 아래와 같이 기호형태(마뜨라)로 바뀐다:

क्	+	अ	=	क	ka	꺼
क्	+	आ	=	का	kā	까
क्	+	इ	=	कि	ki	끼
क्	+	ई	=	की	kī	끼
क्	+	उ	=	कु	ku	꾸
क्	+	ऊ	=	कू	kū	꾸
क्	+	ए	=	के	ke	께
क्	+	ऐ	=	कै	kai	깨
क्	+	ओ	=	को	ko	꼬
क्	+	औ	=	कौ	kau	꼬우
क्	+	अं	=	कं	kaṁ	껑
क्	+	अः	=	कः	kah	꺼흐

Note

All the five nasal consonants in Hindi ie. - ङ, ञ, ण, न, म can occur with *halant* (diacritic showing consonant ending) in the preceding position of a consonant cluster, however, these are normally denoted by the dot above the *shirorekha* of the preceding consonant Examples

힌디에서 비음 자음은 모두 다섯 가지로 다음과 같다. ङ, ञ, ण, न, म 이것들은 자음의 연속에서 앞 자음의 끝을 나타내는 '할란뜨'와 함께 쓰기도 하지만 보통은 앞 자음의 머리획 위에 점을 찍는 것으로 쓴다.

अंग	अङग	aṅg	엉그
चंचल	चञ्चल	caŃcal	쩐쩔
झंडा	झण्डा	jhaNDā	전다
चंदा	चन्दा	candā	쩐다
कंप	कम्प	kampa	껌쁘

Note

Visarga is written as two dots one below the other, like the colon (:) and is trans-literated as 'h', It is pronounced as 'hɑ' (ह). It occurs mostly in loan words from sanskrit such as प्राय:, क्रमश:, अत:, छ: [*prăyah, kramashah, atah, chhah*]

Hindi being a syllable based language is generally read the way it is written. There are no silent letters and also no capital letters in Devanagari script.

A table of consonants along with the diacritic forms of vowels written together is given below:

'*위싸르그*'는 콜론 (:) 처럼 위 아래로 점을 두 개 찍으며 이것은 'h'로 음역되고 'hañ' (h).로 발음된다. 이것은 대부분 다음의 단어들 प्राय:, क्रमश:, अत:, छ: [*prăyah, kramashah, atah, chah*]와 같이 산스크리트에서 차용된 단어에서 발생한다. 음절 문자인 힌디는 일반적으로 쓰여진 대로 읽는다. 데바나가리 문자에는 묵음도 없고 대문자도 없다.

क	का	कि	की	कु	कू	के	कै	को	कौ	कं	कः
ka	kā	ki	kī	ku	kū	ke	kai	ko	kau	kaṁ	kah
ख	खा	खि	खी	खु	खू	खे	खै	खो	खौ	खं	खः
kha	khā	khi	khī	khu	khū	khe	khai	kho	khau	khaṁ	khah
ग	गा	गि	गी	गु	गू	गे	गै	गो	गौ	गं	गः
ga	gā	gi	gī	gu	gū	ge	gai	go	gau	gaṁ	gah
घ	घा	घि	घी	घु	घू	घे	घै	घो	घौ	घं	घः
gha	ghā	ghi	ghī	ghu	ghū	ghe	ghai	gho	ghau	ghaṁ	ghah
ङ	ङा	ङि	ङी	ङु	ङू	ङे	ङै	ङो	ङौ	ङं	ङः
ṅa	ṅā	ṅi	ṅī	ṅu	ṅū	ṅe	ṅai	ṅo	ṅau	ṅaṁ	ṅah
च	चा	चि	ची	चु	चू	चे	चै	चो	चौ	चं	चः
ca	cā	ci	cī	cu	cū	ce	cai	co	cau	caṁ	cah
छ	छा	छि	छी	छु	छू	छे	छै	छो	छौ	छं	छः
cha	chā	chi	chī	chu	chū	che	chai	cho	chau	chaṁ	chah
ज	जा	जि	जी	जु	जू	जे	जै	जो	जौ	जं	जः
ja	jā	ji	jī	ju	jū	je	jai	jo	jau	jaṁ	jah
झ	झा	झि	झी	झु	झू	झे	झै	झो	झौ	झं	झः
jha	jhā	jhi	jhī	jhu	jhū	jhe	jhai	jho	jhau	jhaṁ	jhah
ञ	ञा	ञि	ञी	ञु	ञू	ञे	ञै	ञो	ञौ	ञं	ञः
ńa	ńā	ńi	ńī	ńu	ńū	ńe	ńai	ńo	ńau	ńaṁ	ńah
ट	टा	टि	टी	टु	टू	टे	टै	टो	टौ	टं	टः
ṭa	ṭā	ṭi	ṭī	ṭu	ṭū	ṭe	ṭai	ṭo	ṭau	ṭaṁ	ṭah
ठ	ठा	ठि	ठी	ठु	ठू	ठे	ठै	ठो	ठौ	ठं	ठः
ṭha	ṭhā	ṭhi	ṭī	vu	ṭhū	ṭhe	ṭhai	ṭho	ṭhau	ṭhaṁ	ṭhah
ड	डा	डि	डी	डु	डू	डे	डै	डो	डौ	डं	डः
ḍa	ḍā	ḍi	ḍī	ḍu	ḍū	ḍe	ḍai	ḍo	ḍau	ḍaṁ	ḍah
ढ	ढा	ढि	ढी	ढु	ढू	ढे	ढै	ढो	ढौ	ढं	ढः
ḍha	ḍhā	ḍhi	ḍhī	ḍhu	ḍhū	ḍhe	ḍhai	ḍho	ḍhau	ḍhaṁ	ḍhah
ण	णा	णि	णी	णु	णू	णे	णै	णो	णौ	णं	णः
ṇa	ṇā	ṇi	ṇī	ṇu	ṇū	ṇe	ṇai	ṇo	ṇau	ṇaṁ	ṇah
त	ता	ति	ती	तु	तू	ते	तै	तो	तौ	तं	तः
ta	tā	ti	ti	tu	tū	te	tai	to	tau	taṁ	tah
थ	था	थि	थी	थु	थू	थे	थै	थो	थौ	थं	थः
tha	thā	thi	thī	thu	thū	the	thai	tho	thau	thaṁ	thah
द	दा	दि	दी	दु	दू	दे	दै	दो	दौ	दं	दः
da	dā	di	dī	du	dū	de	dai	do	dau	daṁ	dah

ध	धा	धि	धी	धु	धू	धे	धै	धो	धौ	धं	धः
dha	dhā	dhi	dhī	dhu	dhū	dhe	dhai	dho	dhau	dhaṁ	dhah
न	ना	नि	नी	नु	नू	ने	नै	नो	नौ	नं	नः
na	nā	ni	nī	nu	nū	ne	nai	no	nau	naṁ	nah
प	पा	पि	पी	पु	पू	पे	पै	पो	पौ	पं	पः
pa	pā	pi	pī	pu	pū	pe	pai	po	pau	paṁ	pah
फ	फा	फि	फी	फु	फू	फे	फै	फो	फौ	फं	फः
pha	phā	phi	phī	phu	phū	phe	phai	pho	phau	phaṁ	phah
ब	बा	बि	बी	बु	बू	बे	बै	बो	बौ	बं	बः
ba	bā	bi	bī	bu	bū	be	bai	bo	bau	baṁ	bah
भ	भा	भि	भी	भु	भू	भे	भै	भो	भौ	भं	भः
bha	bhā	bhi	bhī	bhu	bhū	bhe	bhai	bho	bhau	bhaṁ	bhah
म	मा	मि	मी	मु	मू	मे	मै	मो	मौ	मं	मः
ma	mā	mi	mī	mu	mū	me	mai	mo	mau	maṁ	mah
य	या	यि	यी	यु	यू	ये	यै	यो	यौ	यं	यः
ya	yā	yi	yī	yu	yū	ye	yai	yo	yau	yaṁ	yah
र	रा	रि	री	रु	रू	रे	रै	रो	रौ	रं	रः
ra	rā	ri	rī	ru	rū	re	rai	ro	rau	raṁ	rah
ल	ला	लि	ली	लु	लू	ले	लै	लो	लौ	लं	लः
la	lā	li	lī	lu	lū	le	lai	lo	lau	laṁ	lah
व	वा	वि	वी	वु	वू	वे	वै	वो	वौ	वं	वः
va	vā	vi	vī	vu	vū	ve	vai	vo	vau	vaṁ	vah
श	शा	शि	शी	शु	शू	शे	शै	शो	शौ	शं	शः
sha	shā	shi	shī	shu	shū	she	shai	sho	shau	shaṁ	shah
ष	षा	षि	षी	षु	षू	षे	षै	षो	षौ	षं	षः
Sa	Sā	Si	Sī	Su	Sū	Se	Sai	So	Sau	Saṁ	Sah
स	सा	सि	सी	सु	सू	से	सै	सो	सौ	सं	सः
sa	sā	si	sī	su	sū	se	sai	so	sau	saṁ	sah
ह	हा	हि	ही	हु	हू	हे	है	हो	हौ	हं	हः
ha	hā	hi	hī	hu	hū	he	hai	ho	hau	haṁ	hah
क्ष	क्षा	क्षि	क्षी	क्षु	क्षू	क्षे	क्षै	क्षो	क्षौ	क्षं	क्षः
ksha	kshā	kshi	kshī	kshu	kshū	kshe	kshai	ksho	kshau	kshaṁ	kshah
ज्ञ	ज्ञा	ज्ञि	ज्ञी	ज्ञु	ज्ञू	ज्ञे	ज्ञै	ज्ञो	ज्ञौ	ज्ञं	ज्ञः
gya	gyā	gyai	gyaī	gyau	gyaū	gyae	gyai	gyo	gyau	gyaṁ	gyah

2. उच्चारण अभ्यास

Phonetic Practice
발음 연습

Note

At this stage concentrate on phonetic practice
이 과에서는 발음 연습에 주의한다.

अमात्रिक शब्द और वाक्य

pha	+	la	=	phal	gha	+	ra	=	ghar
퍼		러		펄	거		러		거르
फ	+	ल	=	फल	घ	+	र	=	घर
ba	+	sa	=	bas	ra	+	tha	=	ratha
버		써		버쓰	러		터		러트
ब	+	स	ड	बस	र	+	थ	ड	रथ

※ समझो और पढ़ो (Reading Exercise) - 읽기 연습

डर *Dar* तब *tab* जग *jag* कप *kap* यश *yash*

कमल *kamal* पलक *palak* शहर *shahar* नगर *nagar* नमक *namak*

सरकस *sarkas* थरमस *tharmas* गरदन *garadan* अजगर *asagar*

※ छोटे वाक्य (Small Sentences) - 단문장

फल चख	phal cakh	Taste the Fruit
	펄 쩌크	과일 맛봐라.
घर चल	ghar cal	Go home
	거르 짤	집에 가라.
बस पर चढ़	bas par caDh	Get in to the Bus
	버쓰 뻐르 쩌르.	버스에 타라.
कलम रख	kalam rakha	Keep the pen
	껄럼 라크	펜 갖고 있어라.

※ समझो और पढ़ो (Reading Exercise)-읽기 연습

पथ पर बढ़	patha par baDha	
	빠트 빠르 바르	길 위로 가라.
अब घर चल	ab gaar cal	
	업 거르 쩔	지금 집에 가라.
कसरत कर	kasarat kar	
	꺼스러뜨 꺼르	운동해라.
सड़क पर टहल	saRak par Tahal	
	써럭 빠르 떠헐	길을 걸어라.
थरमस रख	tharmas rakha	
	터^{h}르머쓰 라크	보온병을 내려 놓아라.

'आ' की मात्रा (ा)

क	+	ा	+	र		=		कार
न	+	ा	+	व		=		नाव
ग	+	म	+	ल	+	ा	=	गमला

※ समझो और पढ़ो - 읽기 연습

आम	माला	कान	दाना	हाथ
āma	mālā	kān	dānā	hātha
암	말라	깐	다나	하트
망고	목걸이	귀	씨앗	손
चावल	**अनार**	**बादल**	**दावत**	**सागर**
cāval	anār	bādal	davāt	sāgar
짜월	어나르	바덜	다워뜨	싸거르
쌀	석류	구름	초대	바다
आसमान	**रामायण**	**जानवर**	**कलाकार**	
aāsmān	rāmāyNa	jānvar	klākār	
아써만	라마야나	잔워르	껄라까르	
하늘	라마야나	동물	예술가	

※ Reading Exercise-읽기 연습

एक बालक आया।	उसका नाम शाम था।
ek bālak āyā.	uskā nām shām thā.
에끄 발러끄 아야.	우스까 남 샴 타^{h}.
한 아이가 왔다.	그의 이름은 샴이었다.
वह पाठशाला जाता था।	**वह सबका आदर करता था।**
vah pāThashālā jātā thā.	vah sabkā ādar kartā thā.
워흐 빠트^{h}샬라 자따 타^{h}.	워흐 쌉까 아다르 까르따 타^{h}
그는 학교에 다녔었다.	그는 모두를 존경했었다.
राम जल लाया।	
rām jal lāyā.	
람 잘 라야.	
람이 물을 가져왔다.	

'इ' की मात्रा (ि)

द	+	ि	+	न	=	दिन

da + i + na = din (딘)

ह	+	ि	+	र	+	न	=	हिरन

ha + i + ra + na = hirana (히란)

च	+	ि	+	ड़	+	य	+	ा	=	चिड़िया

ca + i + Ra + ya + ā = ciRiya (찌리야)

स	+	ा	+	इ	+	क	+	ि	+	ल	=	साइकिल

sa + ā + i + ka + i + la = sāikila (싸이낄)

※ समझो और पढ़ो (Reading Exercise)-읽기 연습

रवि	कवि	पिन	किला	किताब
ravi 러비 태양	kavi 꺼비 (남자)시인	pin 삔 핀	kilā 낄라 성(城)	kitāb 끼땁 책
किसान	विजय	हिसाब	रविवार	दिनकर
kisān 끼싼 농부	vijay 비저여 승리	hisāb 히쌉 계산	ravivār 라비와르 일요일	dinakar 딘꺼르 태양
रिमझिम				
rimjhim 리머짐^{h} 빗소리 (의성어)				

※ Reading Exercise-읽기 연습

कविता किताब लाई	राम शिवालय जा
kavitā kitāb lāi. 까비따 끼따브 라이. 까비따가 책을 가져왔다.	rām shiālay jā. 람 쉬발러여 자. 람아 쉬바 사원으로 가라.
रिटा हिसाब कर	रिमझिम रिमझिम बादल बरसा
riTā hisāb kar. 리따 히쌉 꺼르. 리따야 계산해라.	rimjhim rimjhim bādal barsā. 리머짐^{h} 리머짐^{h} 바덜 바르싸. 후두둑 후두둑 구름이 비를 뿌린다.

'ई' की मात्रा (ी)

त	+	ी	+	र	=	तीर

ta + ī + ra = tīr (띠르)

घ	+	ड़	+	ी	=	घड़ी

gha + Ra + ī = ghaRī (거리)

ह	+	ा	+	थ	+	ी	=	हाथी

ha + ā + tha + ī = hāthī (하티h)

म	+	छ	+	ल	+	ी	=	मछली

ma + cha + la + ī = machalī (머촐리)

※ समझो और पढ़ो (Reading Exercise)-읽기 연습

तीर	सीता	नीला	नकली	पपीता
tīr 띠-르 화살	sītā 씨-따 시따	nīlā 닐-라 푸른	naklī 너끌리 가짜의	papītā 뻐삐-따 파파야
दीपक	जनवरी	नाशपाती		
dīpak 디-뻐끄 등불	janvarī 전워리- 1월	nāshpātī 나쉬빠띠- 배(과일)		

※ Reading Exercise-읽기 연습

दीवाली आई	आज नानी आई
dīwalī āī. 디왈리 아이-. 디왈리(축제)가 왔다(되었다).	āja nānī āī. 아즈 나니 아잉-. 오늘 외할머니께서 오셨다.
रबड़ी लाई	सीता कमीज़ पहन
rabRī lāī. 라브리 라잉-. 라브리(우유를 걸죽하고 달게 만든 것)를 가져왔다.	sītā kamīza pahan. 씨-따 까미-즈 뻬헨. 시따야 셔츠를 입어라.

'उ' की मात्रा (ु)

प	+	ु	+	ल	=	पुल

pa + u +la = pul (풀)

म	+	ु	+	ख	=	मुख

ma + u + kha = mukha (무크)

ग	+	ु	+	ल	+	ा	+	ब	=	गुलाब

ga + u + la + ā + ba = gulāb (굴랍)

ध	+	न	+	ु	+	ष	=	धनुष

dha + na + u + Sha = dhanuSa (더h누셔)

※ समझो और पढ़ो (Reading Exercise)-읽기 연습

सुख	गुरु	चुप	कुली	पुजारी	बुढ़िया
sukha 쑤크^{h} 기쁨	guru 구루 스승	cup 쭙 조용한	kulī 꿀리 짐꾼	pujārī 뿌자리 예배자	buRhīyā 부리^{h}야 나이든 여자
सुपारी	**साबुन**	**गुरुवार**	**फुलवारी**	**दुकानदार**	
supārī 쑤빠리 견과의 한 종류	sābun 싸분 비누	guruvār 구루와르 목요일	phulavārī 풀와리 정원	dukānadāra 두깐다르 가게주인	

※ Reading Exercise-읽기 연습

कुसुम दुकान जा	दुकान से गुलाब जामुन ला
kusum dukān jā 꾸쑴 두깐 자. 꾸숨아 가게에 가렴.	dukāna se gulāb jāmun lā 두깐 쎄 굴랍 자문 라. 가게에서 굴랍자문(당과의 한 종류)을 가져오렴
आज वह खुश थी	**मुकुल कुल्फी खा**
āja vah khush thī 아즈 워흐 쿠^{h}쉬 티. 오늘 그녀는 즐거웠다.	mukul kulfī khā 무꿀 꿀피 카^{h}. 무꿀아 꿀피(아이스크림의 한 종류)를 먹어라.

'ऊ' की मात्रा (ू)

फ	+	ू	+	ल	=	फूल

pha + ū +la = phul (풀-)

भ	+	ा	+	ल	+	ू	=	भालू

bha + ā + la + ū = bhālū (발루-)

स	+	ू	+	र	+	ज	=	सूरज

su + ū +ra + ja = sūraj (쑤-러즈)

त	+	र	+	ा	+	ज	+	ू	=	तराजू

ta + ra + ā + ja + ū = tarājū (떠라주-)

※ समझो और पढ़ो (Reading Exercise)-읽기 연습

दूध	धूप	चाकू	भालू	काजू	सूरज
dudha	dhūp	cākū	bhālū	kājū	sūraj
두-드^{h}	두^{h}-쁘	짜꾸-	발^{h}루-	까주-	쑤-러즈
우유	빛	칼	곰	캐쉬 넛	태양
डमरू	**बबलू**	**कबूतर**	**पूरातन**	**अमरूद**	**फूलदान**
Damarū	babalū	kabūtar	pūātan	amrūd	phūldān
더머루-	버벌루-	꺼부-떠르	뿌-라떤	엄루-드	풀^{h}-단
작은 북	아카시아	비둘기	완성	구아바	꽃병

※ Reading Exercise-읽기 연습

सूरज उगा

sūraj ugā

쑤-러즈 우가.

태양이 솟았다.

राजू फूल लाया

rājū phūl lāyā

라주- 풀- 라야.

라주가 꽃을 가져왔다.

माता पूजा की थाली लायी

mātā pūjā kī thālī lāyī

마따 뿌-자 끼- 탈^{h}리- 라이.

어머니께서 예배에 쓸 쟁반을 가져오셨다.

पूजा का डमरू बजा

pūjā kā Damrū bajā

뿌-자 까 다마루- 버자.

예배의 작은 북이 울린다.

फूल चढ़ा फिर हलवा खा

phūl caRhā phir halvā khā

풀- 짜라 피르 헐와 카.

꽃을 올리고 당과를 먹으렴.

'ए' की मात्रा (े)

स	+	े	+	ब	=	सेब

sa + e +ba = seb (쎕)

प	+	े	+	ड़	=	पेड़

pa + e + Ra = peR (뻬르)

※ समझो और पढ़ो (Reading Exercise)-읽기 연습

रेल	खेल	पेट	जेल	कपड़े	रेशम
rel 렐 레일	khel 켈^{h} 스포츠	peT 뻬뜨 배(腹)	jel 젤 감옥	kapRe 까쁘레 옷	resham 레섬 실크
नेवला	**नरेश**	**परदेश**	**देनदार**	**खरीदिये**	**देवालय**
nevalā 네블라 몽구스	naresh 너레쉬 왕	pardesh 빠르데쉬 외국	dendār 덴다르 채무자	kharīdiye 카^{h}리-디에 사요	devālay 데발러여 사원

※ Reading Exercise-읽기 연습

रमेश जूते उतार	राम तू अजमेर जा
ramesh jūte utār 라메쉬 주-떼 우따르. 라메쉬는 신을 벗었다.	rām tū ajamer jā 람 뚜- 어즈메르 자. 람, 너는 아즈메르로 가거라.
लड़के मेले में गये	**आप केले खरीदिये**
laRke mele mĕ gaye 러르께 멜레 메 가예. 소년들이 장(혹은 박람회)에 갔다.	āp kele kharīdiye 압 껠레 카^{h}리-디예. 바나나를 사세요.

'ऐ' की मात्रा (ै)

ब	+	ै	+	ल	=	बैल

ba+ai+la=bail (밸)

प	+	ै	+	र	=	पैर

pa+ai+ra=pair (빼르)

म	+	ै	+	ना	=	मैना

ma+ai+nā= mainā (매나)

न	+	ै	+	या	=	नैया

na+ai+yā = naiyā (내이야)

※ समझो और पढ़ो (Reading Exercise)-읽기 연습

पैसा	सैर	जैसा	सैनिक	शैतान
paisā 빼싸 돈	sair 쌔르 산보	jaisā 재싸 ~같이	sainik 쌔니끄 군인	shaitān 새딴 개구쟁이의
बैठक	**बैलगाड़ी**	**नैनीताल**	**हैदराबाद**	
baiThak 배탁 모임	bailagaRi 밸가리 우차	nainitāl 내니딸 네니딸(지명)	haidrābād 해더라바드 하이데라바드(지명)	

※ Reading Exercise-읽기 연습

नैना का थैला बड़ा है	मैदान में बैलगाड़ी खड़ी है
nainā kā thailā baRā hai. 내나 까 탤^{h}라 버라 해. 네이나의 가방은 크다	maidān mĕ bailgāRī khaRī hai. 매단 메 밸가리 카리 해. 운동장에 우차가 서 있다.
कैलाश शेर देखकर हैरान हुआ	**हिमालय भारत के उत्तर में है**
kailāsha sher dekhakar hairān huā. 캘라쉬 세르 데크커르 해란 후아. 까일라쉬는 사자를 보고 겁먹었다.	himālay bhārat ke uttar mẽ hai. 히말라여 바라뜨 께 우따르 메 해. 히말라야는 인도의 북쪽에 있다.

'ओ' की मात्रा (ा)

म + ओ + र = मोर
ma+o+ra = mor (모르)

घ + ओ + ड़ा = घोड़ा
gha+o+Rā =ghoRā (고라)

त + ओ + ता = तोता
ta+o+tā = totā (또따)

क + ओ + ना = कोना
ka+o+nā = konā (꼬나)

※ समझो और पढ़ो (Reading Exercise)-읽기 연습

कोट	गोल	शोर	मोटा	जोकर	मोहन
koT	gol	shor	moTā	jokar	mohan
꼬뜨	골	쇼르	모따	조꺼르	
코트	둥근	소리	뚱뚱한	조커	모한
ढोलक	**टोकरी**	**सोमवार**	**सरोवर**		
Dholak	Tokarī	somvār	sarovar		
돌^{h}러끄	또끄리-	쏨와르	써로워르		
드럼(작은)	바구니	월요일	호수		

※ Reading Exercise-읽기 연습

होली आई	आज सोमवार है
holī āī 홀리- 아이- 홀리가 왔다.(되었다)	āja somvār hai 아즈 쏨와르 해. 오늘은 월요일이다.
परसों बुधवार है	**दोपहर को बहुत धूप थी**
parasŏ bhudhavār hai 빠르쏭 부드^{h}와르 해. 모레는 수요일이다.	dophar ko bahut dhūp thī 도쁘허르 꼬 버후뜨 둡^{h}- 티^{h}. 오후엔 햇살이 굉장했다.

यशोदा तोते को मिरची खिलाओ

yashodā tote ko miracī khilāo
야쇼다 또떼 꼬 미르찌- 킬ʰ라오.
야쇼다야 앵무새에게 고추를 먹여라.

'औ' की मात्रा (ौ)

न + औ + का = नौका
na+au+kā = naukā (노우까)

प + औ + धा = पौधा
pa+au+dhā = paudhā (뽀우다ʰ)

द + औ + ल + त = दौलत
da+au+la+ta = daulat (도울러뜨)

खि + ल + औ + ना = खिलौना
khi+la+au+nā = khilaunā (킬ʰ로우나)

※ समझो और पढ़ो (Reading Exercise)-읽기 연습

सौदा	चौकी	फौजी	औरत	हथौडी
saudā 쏘우다 거래	chaukī 쪼우끼 방범대원	foujī 포우지 군대	aurat 오우러뜨 여자	hathauDī 허토우리 작은 쇠망치
चौबीस	**चौकीदार**	**नौजवान**		
caubīs 쪼우비쓰 24	caukīdār 쪼우끼다르 방범대원	naujavān 노우즈완 젊은이		

※ Reading Exercise-읽기 연습

पेड़ पर कौआ बैठा है

peR par kauā baThā hai.
빼르 빠르 꼬우아 배타ʰ 해.
나무에 까마귀가 앉아있다.

गौतम हथौडी लाता है

gautam hathauDī lātā hai.
고우떰 하토ʰ우리 라따 해.
고땀은 쇠망치를 가져온다.

सौरभ के पास तौलिया है

saurabha ke pās tauliyā hai.
쏘우러브ʰ 께 빠쓰 또울리야 해.
소라브에겐 타올이 있다.

गेट के पास चौकीदार है

geT ke pās caukīdār hai.
게뜨 께 빠쓰 쪼우끼다르 해.
문 근처에 경비가 있다.

'अं' की मात्रा (ं)

झ	+	ं	+	डा	=	झंडा

jha+N+Dā = jhaNDā (정ʰ다)

प	+	ं	+	खा	=	पंखा

pa+an+khā = pankhā (뻥카)

प	+	त	+	ग	=	पतंग

pa+ta+ń+ga = Patńa (빠떵그)

र	+	ं	+	ग	=	रंग

ra+ń+ga = rańg (렁그)

※ समझो और पढ़ो (Reading Exercise)-읽기 연습

डंडा	शंख	पंख	जंग	संतरा	चंदन
DaNDā 덩다 막대기	shańkha 셩ʰ카 소라, 조개	pańkha 뻥카ʰ 날개, 깃	jańg 정그 녹	sańtarā 썽뜨라 오렌지	cańdan 쩡던 샌들
जंगल	**बंदर**	**मंगलवार**	**गंगाजल**	**घंटाघर**	
jańgal 정갈 정글	bańdar 벙더르 원숭이	mańgalvār 멍걸와르 화요일	gańgājal 겅가잘 갠지스 물	ghaNTāghar 겅ʰ따거ʰ르 시계탑	

※ Reading Exercise-읽기 연습

शंकर पंखा चलाओ

shankar pańkhā calao.
샹ʰ꺼르 빵카ʰ 쩔라오.
샹까르야 빵카(인도 천정의 선풍기) 돌리렴.

आनंद पतंग उड़ाओ

ānand patańg uDāo.
아넝드 빠떵그 우다오.
아난드야 연을 날리렴.

तिरंगे में तीन रंग है

tirańge mẽ tīn rang hai.
띠렁게 메 띤 랑그 해.
국기(인도의 삼색기)엔 색깔이 세 가지 이다.

गंगा तट पर मंदिर है

gańgā taT par mandir hai.
겅가 떠뜨 빠르 멍디르 해.
갠지스 강변엔 사원이 있다.

'अः' की मात्रा (ः)

अ	+	त	+	ः	=	अतः

a+ta+aha = atah (어떠허)

न	+	म	+	ः	=	नमः

na+ma+aha = namah (너머허)

छ	+	ः	=	छः

cha+aha = chah (체흐)

※ समझो और पढ़ो (Reading Exercise)-읽기 연습

अतः	प्रातः	संभवतः	क्रमशः
atah	prātah	sambhavatah	kramashah
어떠허	쁘라떠허	쌍바^{h}브떠허	끄러머쉬^{h}
즉	아침	어쩌면	차차, 각각

※ Reading Exercise-읽기 연습

किसान प्रातःकाल जागता है	अधिकारी छः बजे आयेगा
kisāna prātahkāl jāgatā hai. 끼싼 쁘라떠허깔 자거따 해. 농부는 아침에 일어난다.	adhikārī chah baje āyegā. 어디^{h}까리 체 바제 아에가. 관리는 6시에 올 것이다.
संभवतः वह नहीं आयेगा	**निस्सहाय को दुख मत दीजिए**
sambhavatah vah nahī āyegā. 쌈바^{h}브떠허 워흐 너히 아에가. 아마 그는 안 올 것이다.	nishāy ko dukh mat dījīe. 니쓰하이 꼬 두크^{h} 머뜨 디-지에. 무력한 이들에게 슬픔을 주지 마시오.

'ऋ' की मात्रा (ृ)

This vowel is generally articulated in the educated variety of Hindi. However, in the colloquial variety it is articulated as रि ri.

이 모음은 일반적으로 문어체에서 정확하게 발음되는 편이고 회화체에서는 रि ri로 발음된다.

व + ृ + क्ष = वृक्ष

va+ri+ksh = vriksha (브릭슈)

ग + ृ + ह = गृह

ga+ri+ha = grih (그리흐)

न + ृ + प = नृप

na+ri+pa = nrip (느리쁘)

* समझो और पढ़ो (Reading Exercise)-읽기 연습

कृपा	घृणा	मृग	कृषक	अमृत	कृपाण
kripā	ghriNā	mrig	krishak	amrit	kripāNa
끄리빠	그리나	므리그	끄리샤끄	아므리뜨	끄리빤
친절	화	사슴	농부	감로수	칼

※ Reading Exercise-읽기 연습

भृगु एक ऋषि था

bhrigu ek rishi thā.
브^{h}리구 에끄 리쉬 타^{h}
브리구는 한 리쉬(가르치던 브라만)였다.

वह कृपालु था

vah kripālu thā.
워흐 끄리빨루 타^{h}
그는 친절했다.

वह मृदुभाषी था

vah mridubhāshī thā.
워흐 므리두바^{h}쉬 타^{h}
그는 부드럽게 말하는 사람이었다.

चन्द्रबिंदु (ँ)

चा	+	ँ	+	द	=	चाँद

cā+M+da = cāMD (짱드)

आ	+	ँ	+	ख	=	आँख

ā+M+kha = āMkh (앙크^{h})

पा	+	ँ	+	व	=	पाँव

pā+M+va = pāMv (빵브)

※ समझो और पढ़ो (Reading Exercise)-읽기 연습

ऊँट	पूँछ	दाँत	गाँव	अँगूठी
ūMT	pūMch	dāMt	gāMva	aMguThī
웅뜨	뿡쯔	당뜨	강브	엉구티^{h}
낙타	꼬리	이(齒)	시골	반지

चाँदनी	आँगन	खिड़कियाँ	मिठाइयाँ	
cāMdanī	āMgan	khiRkiyāM	miThāiyāM	
짱드니	앙간	키^{h}르끼양	미타^{h}이양	
달빛	마루	창문들	당과들	

※ Reading Exercise-읽기 연습

एक लँगड़ा था

ek laMgRā Thā.
에끄 랑그라 타^{h}
한 절름발이가 있었다.

वह गूँगे के घर पहुँचा

vah gūMge ke ghar pahūMcā.
워흐 궁-게 께 거^{h}르 빠훙짜.
그는 벙어리의 집에 도착했다.

गूँगा हँसमुख था

gūMgā hasmukhThā.
궁가 헝쓰무크^h 타^h.
벙어리는 웃는 얼굴이었다.

उसने उसे मिठाइयाँ दीं

usane use miThāiyāM dī̃.
우쓰네 우쎄 미탙^{h}이양 딩.
그는 그에게 당과들을 줬다.

लँगड़े से मिलकर वह खुश हुआ

laMgaDe se milkar vah khush huā.
렁그레 쎄 밀꺼르 워흐 쿠^{h}쉬 후아.
절름발이와 만나서 그는 기뻤다.

3. संयुक्ताक्षर

Conjunct Letters
결합 문자

In hindi the formation of conjunct letters (ie. combining of two or more consonants) is as follows; When the preceding consonants ends in a vertical stroke, this stroke is dropped. e.g. : व प च ल ग ञ ज

힌디에서 결합문자(두 개 이상의 자음이 결합한 것)의 형성은 다음과 같다. 맨 앞의 자음이 수직선으로 끝날 때, 이 수직선은 없어진다. 예 : व प च ल ग ञ ज

व् + य = व्य	v+ya = vya (벼)		प् + य = प्य	p+ya = pya (뼈)
ग् + य = ग्य	g+ya = gya (며)		म् + य = म्य	m+ya = mya
म् + प = म्प	m+pa = mpa (머뻐)		ल् + ल = ल्ल	l+la = lla (러)
ञ् + ज = ञ्ज	N+ja = añja (언자)			

When the preceding consonant does not end in vertical stroke, conjunct is formed by placing a downward stroke (halant sign) below the preceding consonant and putting the following consonant by its side. e.g : द ट ड ढ ड़

맨 앞의 자음이 수직선으로 끝나지 않을 때, 맨 앞 자음의 밑에 획 (할란트 표시)를 찍고 뒤따르는 자음을 결합시킨다. 예 : द ट ड ढ ड़

ड्ढ	–	DDha			
द्ट	–	TTa			
द्ठ	–	TTha			
द्ध	–	ddha	–	द्ध	또는 is also written as द्ध

When the preceding consonant is written on both sides of the stroke, we may use part of the consonant falling on the right side of the vertical stroke or put a downward stroke (*halant*) below it.

e.g :

맨 앞 자음이 가운데 수직선을 갖는 문자일 때, 가운데 수직선 오른쪽 부분을 없애고 잇따른 자음과 결합하거나 밑 획(할 표시)를 사용하여 결합한다.

예를 들면

क्	+	क	=	क्क	kka	फ्	+	फ	=	फ्फ	phpha
फ्	+	त	=	फ्त	fta						

When र् precedes any consonant, र् is written as (र्‍) on top of the succeeding consonant but read between the two letters.

e.g. :

र्가 자음과 자음 중간에 놓여 결합하는 경우 र्는 뒤따르는 자음 머리 획 위에 (र्‍)로 형태가 바뀌어 결합되고 두 자음 사이에 र를 넣어 읽는다.

예 :

म	+	र्	+	म	=	मर्म	ध	+	र्	+	म	=	धर्म
ma + r + ma = marm (머름)							dha + r + ma = dharm (더름)						
श	+	र्	+	म	=	शर्म	क	+	र्	+	म	=	कर्म
sha + r + ma = sharm (셔름)							ka + r + ma = karm (꺼름)						

'र' follows a consonant without the inherent अ, it takes the form of stroke under the preceding letter as shown below.

अ와 결합되어 있지 않은 자음 뒤에 'र'가 결합하게 되면 'र'는 앞 자음의 밑에 다음과 같은 형태의 획으로 바뀐다.

क्	+	र	+	म	=	क्रम	kram (끄럼)		
श्	+	र	+	म	=	श्रम	shram (슈럼)		
पे	+	र	+	म	=	प्रेम	prem (쁘렘)		
प	+	र	+	ब	+	ल	=	प्रबल	prabal (쁘러벌)

※ संयुक्ताक्षर (Conjunct consonants) - **결합 자음**

क्	+	क	=	क्क	पक्का	(n.m)
k	+	k	=	kk	pakkā 빠까	ripe
क्	+	त	=	क्त	वक्त	(n.m)
k	+	ta	=	kta	vakt 버끄뜨	time
क्	+	र	=	क्र	चक्र	(m,m)
k	+	ra	=	kra	chakr 짜끄르	wheel
क्	+	ष	=	क्ष	राक्षस	(n,m)
k	+	sha	=	ksha	rākshas 락^{h}샤쓰	demon
ख	+	त	=	ख्त	तख्त	(n,m)
kha	+	ta	=	khta	takhat 떠커^{h}뜨	throne
ख्	+	य	=	ख्य	ख्याति	(n,f)
kh	+	ya	=	khya	khyāti 커^{h}야띠	fame
ग्	+	घ	=	ग्घ	बग्घी	(n,f)
g	+	gha	=	ggha	bagghī 바그기^h	coach
ग्	+	न	=	ग्न	मग्न	(n,m)
g	+	na	=	gna	magn 머건	sunk
ग्	+	र	=	ग्र	अग्र	(n,m)
g	+	ra	=	gra	agr 어그르	end

घ्	+	न	=	घ्न	विघ्न	(n,m)
gh	+	na	=	ghna	vighn 비간^{h}	obstacle
च्	+	च	=	च्च	बच्चा	(n,m)
ch	+	cha	=	cca	baccā 버짜	child
च्	+	छ	=	च्छ	अच्छा	(a,m)
ch	+	cha	=	cchha	acchā 어차	good
ज्	+	य	=	ज्य	राज्य	(n,m)
j	+	ya	=	jya	rājy 라즈여	kingdom
त्	+	य	=	त्य	त्याग	(n,m)
t	+	ya	=	tya	tyāg 땨그	sacrifice
त्	+	त	=	त्त	पत्ता	(n,m)
t	+	ta	=	tta	pattā 빠따	leaf
त्	+	न	=	त्न	रत्न	(n,m)
t	+	na	=	tna	ratn 러뜬	jewel
द्	+	म	=	द्म	पद्म	(n,m)
d	+	ma	=	dma	padm 빠덤	lotus
द्	+	र	=	द्र	मद्रास	(n,m)
d	+	ra	=	dra	madrās 머드라쓰	
प्	+	य	=	प्य	प्यास	(n,m)
p	+	ya	=	pya	pyās 뺘쓰	thrist
म्	+	ब	=	म्ब	लम्बा	(ad,m)
m	+	ba	=	mba	lambā 럼바	long
ल्	+	य	=	ल्य	कल्याण	(ad,m)
l	+	ya	=	lya	kalyaN 껄얀	happiness
स्	+	थ	=	स्थ	स्थान	(n,m)
s	+	tha	=	stha	sthān 스탄^{h}	place
स्	+	म	=	स्म	विस्मय	(n,m)
s	+	ma	=	sma	vismay 비스머여	wonder

Part II

Basic Conversation

1. सामान्य वार्तालाप

Basic Conversation

기본 회화

1.1 अभिवादन [abhivādan]

Greetings

인사

माधव

नमस्ते।

namste.

나마스떼

Hello.

안녕

रमण

नमस्ते जी।

namste jī.

나마스떼 지

Hello.

안녕하세요

माधव

आप कैसे हैं?

āp kaise haĩ?

압 께쎄 행?

How are you?

잘 지내세요?

रमण

मैं ठीक हूँ। और आप?

maĩ Thīk hũM. aur āp?

맹 티ʰ끄 홍. 어르 압?

I am fine and you?

전 괜찮습니다. 당신은요?

माधव	मैं भी? maĩ bhī. 맹 비h Me too. 저 역시요
रमण	आपसे मिलकर खुशी हुई। āp se milkar khushī huī. 압 쎄 밀까르 쿠h쉬h 후이 Glad to meet you. 당신을 만나 기쁩니다.
माधव	मुझे भी। mujhe bhī. 무제 비h Me too. 저도요
रमण	सुना है, आपको पीएच्। डी। की उपाधी मिली है। sunā hai, āp ko pīeca.Dī kī upādhī miī hai. 수나 해, 압 꼬 삐에쯔 디 끼 우빠디h 밀리 해. I heard that you have been awarded ph.d. 듣자하니 박사학위 받으셨다고요?
माधव	जी हाँ। jī hāM. 지 한 Yes. 예
रमण	बधाई हो। badhāī ho. 버다h이 호 Congratulations. 축하해요
माधव	धन्यवाद। आईये, साथ में चाय पीते हैं। dhanyavād, āiye, sāth mẽ cāy pite haĩ. 단h여와드, 아이-에, 싸트h 메 짜이 삐떼 행 Thank you, come, let's have tea together. 감사합니다. 이리 오세요. 짜이 마실까요.

रमण	जी, माफ कीजिए। फिर कभी। Jī, māpha kījīye, phira kabhī. 지, 마프ʰ 끼지에. 피ʰ르 까비ʰ Sorry, some other time. 어... 죄송합니다만 다음에요.
माधव	कोई बात नहीं। koi bāt nahī̃. 꼬이 바뜨 내힝 Doesn't matter. 그래요 뭐~
रमण	तो ठीक है। फिर मिलेंगे। to Thīk hai. phir milenge. 또 틱ʰ 해 피ʰ르 밀렝게 Okay then. See you again. 그래요, 다음에 봐요.
माधव	नमस्ते namste. 나마스떼 Bye. 안녕히 계세요.

※ शब्दावली [Shabhdāvalī : 샵다월리] (Glossary) - 어휘

मैं (maĩ/매) (f,p.) = I

कैसे (kaise/께쎄) (conj) = How

और (aur/오르) (conj) = And

खुशी (kushī/쿠ʰ쉬ʰ) (n,f) Glad / Happy

उपाधी (upaādhiī/우빠디ʰ) (n.f.) = Degree

जी हाँ (jī hāM/지-항) (v.) = Yes

चाय (cāy/짜이) (n.f) = Tea

फिर (phir/피르) (conj) = Again

आप (āp/아쁘) (p,m) = You

ठीक (Thīk/티ʰ끄) (adj.m) = Fine

मिलना (milnā/밀르나) (v,m.) to meet

सनुना (sunnā/쑨느나) (v) = to Hear

मिली (milī/밀리) (v.f.) = to Get

धन्यवाद(dhanyavād/단ʰ여와드) (n.m) = Thank you

पीना (pīnā/삐나) (v.) = To Drink

Excercise 연습문제

1. How would you say following greetings in Hindi?
다음의 인사말들을 힌디로 말하세요.

Hello 안녕

....

How are you? 잘 지내요?

....

I am fine. 난 잘 지내요.

....

And you? 당신은요?

....

Nice meeting you. 만나서 반가워요.

....

See you again. 또 만나요.

....

Thank you. 감사합니다.

....

Congratulation. 축하합니다.

....

1.2 सांकेतिक वाक्य [sāṅketik vākya] Indicative Sentences 지시문

Observe the use of 'यह' yah 'वह' vah in the following indicative sentences.

다음 지시문에서 'यह' *yah* 'वह' *vah*의 쓰임을 알아보자.

अ) नमस्ते गुरूजी। namste gurujī. Hello, sir!
나마스떼 구루지 안녕하세요 선생님

ब) नमस्ते बेटा। namste beTā. Hello, son!
나마스떼 베따 안녕 얘야

अ) गुरूजी, यह क्या है? gurujī, yah kyā hai? Sir, what is this?
구루지 여허 꺄 해? 선생님, 이건 뭐죠?

ब) यह किताब है। yah kitāb hai. This is a book.
여허 끼땁 해 이건 책이란다.

अ) यह क्या है? yah kyā hai? what is this?
여허 꺄 해? 이건 뭐죠?

ब) यह कापी है। yah kāpī hai. This is notebook.
예해 까삐 해 이건 공책이야

अ) वह क्या है? vah kyā hai? What is that?
워허 꺄 해? 저건 뭐죠?

ब) वह मकान है। vah makān hai. That is a house.
워허 마깐 해 저건 집이야

अ) और वह? aur vah? And that?
어르 워허? 그리고 저건요?

ब) वह जहाज है। vah jahāj hai. That is a ship.
워허 자하즈 해 저건 배야

अ) अब तुम बताओ, यह क्या है?
ab tum batāo, yah kyā hai? Now, you tell, what is this?
아브 뚬 버따오, 예해 꺄 해? 말해봐, 이건 뭐니?

ब) यह तसवीर है। yah tasvīr hai. This is a picture.
예해 떠스비르 해 이건 그림이야(사진이야)

अ) और यह कौन है? aur yah kaun hai? And, who is this?
어르 예해 꺼온 해? 그리고 얘는 누구니?

ब) यह सोहन है। yah sohan hai. He is Sohan.
예해 소한 해 얘는 소한이야

ब) और वह? aur vah? And he?
어르 워허? 그리고 그는?

अ) मुझे मालूम नहीं। mujhe mālūm nahĩ. I don't know.
무제^h 말룸 내힝 나는 몰라

ब) वह तुम हो। vah tum ho. It is you.
워허 뚬 호 그는 너네

※ शब्दावली [Shabhdāvalī] (Glossary) - 어휘

गुरूजी (gurujī/구루) – m – Sir/Teacher 선생님

बेटा (beTā/베따) – m – Son 아들

क्या (kyā/캬) – q.w. – What 무엇

कापी (kāpī/까삐) – f – Notebook 공책

वह (vah/워흐) – prn – That 저것

तसवीर (tasvīr/떠스비르) – m – Picture 그림

यह (yah/여흐) – prn – This 이것

किताब (kitāb/끼땁) – f – Book 책

मकान (makān/머깐) – m – House 집

जहाज (jahāj/저하즈) – m – Ship 배

कौन (kaun/까운) - q.w. - Who 누구

मालूम (mālūm/말룸) - m - Know 알다

मुझे (mujhe/무제h) - m - I 나에게

तुम (tum/뚬) - prn - You 너(2인칭)

Note

In Hindi the finite verb normally comes at the end of the sentence.

힌디에서 한정 동사는 보통 문자 끝에 온다.

यह होटल है	यह दुकान है
yah hotal hai.	yah dukān hai.

※ Use of क्या kyā (what)

Interrogative sentences can be formed in two ways

① by adding 'क्या'(kyā) before the verb.

② by using 'क्या'(kyā) initially.

의문문은 두 가지 방법으로 만들 수 있다.

① 동사 앞에 क्या 써서

② 문장 맨 앞에 क्या 를 써서

① Question marker 'क्या'(kyā) is added before the verb to give the sense 'what' and question mark(?) is placed at the end.

① 의문 부호 'क्या'는 동사 앞에 쓰여 '무엇'의 의미와 문장 맨 끝의 물음표 (?)를 나타낸다.

eg.		
यह क्या है?	yah kyā hai?	What is this?
यह किताब है	yah kitāb hai.	This is a book.
वह क्या है?	vah kyā hai?	What is that?
वह कापी है	vah kāpi hai.	That is a notebook.

② When 'क्या'(kyā) is added initially, the entire sense of the sentence is interrogated.

② 'क्या'가 문장 맨 앞에 붙으면 그 문장은 의문문이 된다.

eg.		
यह दुकान है	yah dukān hai.	This is a shop.
क्या यह दुकान है?	kyā yah dukān hai?	Is this a shop?
यह कुर्सी ह	yah kursī hai.	This is a chair.
क्या यह कुर्सी है?	kyā yah kursī hai?	Is this a chair?

Note

Sometimes the interrogative particle kyā **क्या** may be absent and in such cases interrogation is suggested by a rising tone in the termination of the sentences.

때때로 의문부호 **'क्या'**는 생략 가능하며 그런 경우, 문장 끝의 억양을 높임으로써 의문문임을 나타낼 수 있다.

eg.		
एग। यह सेब है?	yah seb hai?	Is it an apple?
	예흐 쎄브 해	이것은 사과입니까?
जी हाँ, यह सेब है	jī hāM, yah seb hai.	Yes, it is an apple.
	지 항, 예흐 쎄브 해	예, 이것은 사과입니다.

The third person pronouns 'यह' yah (this); 'वह' vah (that); 'ये' ye (these); 'वे' ve (those) also function as demonstrative nouns in Hindi, In this capacity they serve as adjectives.

3인칭 대명사 'यह' yah(이것); 'वह' vah(저것); 'ये' ye(이것들); 'वे' ve(저것들)은 지시대명사의 기능과 함께 지시형용사의 기능도 한다.

	sing (단수)	plur (복수)
proximate	यह पुस्तक	ये पुस्तकें
	yah pustak	ye pustakẽ
	this book	these books
Non proximate	वह पुस्तक	वे पुस्तकें
	vah pustak	ve pustakẽ
	that book	those books

Both the spelling and pronunciation of Hindi demonstrative pronouns are variable. Although the common pronunciation of the singular forms are 'ये'[ye] and 'वे'[ve], the spelling pronunciation यह yah, vah vah are not uncommon.

In other circumstances, no distinction is made between the spelling of singular and corresponding plural demonstratives, with यह(yah) being used for both proximate forms and वह(vah) for both non-proximate ones.

However the spelling 'यह' and 'वह' for the singular forms 'ये'(ye) and 'वे'(ve) for the plural are also widely accepted by Indian Hindi language authorities.

힌디 지시대명사의 발음과 철자는 다양하다. 단수 형태의 일반적인 발음은 'यo' [ye]와 'वे' [ve]로 철자 발음인 यह yah, वह vah는 일반적이지 않다.

철자를 볼 때 어떤 지역에서는 단수와 복수를 똑같이 쓴다. यह (yah)는 가까운 사물의 단수와 복수를 먼 사물의 복수와 단수를 वह (vah)로 똑같이 쓰기도 한다. 하지만 일반적인 힌디 문법에서는 'यह'와 'वह'는 단수를 지칭하고 'यo' (ye)와 'वे' (ve)는 복수를 지칭하는 것으로 널리 알려져 있다.

※ pronunciation practice - **발음연습**

यह	yah	यह मेज़ है	yah mez hai.	여흐 메즈 해
		This is a table.		이것은 책상입니다.
	This	यह कलम है	yah kalam hai.	여흐 껄럼 해.
		This is a pen.		이것은 펜입니다.
		यह दीवार है	yah dīwār hai.	여흐 디와르 해.
		This is a wall.		이것은 벽입니다.
		यह दुकान है	yah dukān hai.	여흐 두깐 해.
		This is a shop.		이것은 가게입니다.
		यह सेब है	yah seb hai.	여흐 셉 해.
		This is an apple.		이것은 사과입니다.
वह	vah	वह कमरा है	vah kamarā hai.	워흐 꺼므라 해
		That is a room.		저것은 방입니다.
	That	वह खिड़की है	vah khirrakī hai.	워흐 키^{h}르끼 해
		That is a window.		저것은 창문입니다.
		वह आकाश है	vah ākāsha hai.	워흐 아까쉬^h 해
		That is sky.		저것은 하늘입니다.
		वह पौधा है	vah paudhā hai.	워흐 뽀우다^h 해
		That is a plant.		저것은 식물입니다.
		वह फलक है	vah phalak hai.	워흐 펄^{h}러끄 해
		That is a blackboard.		저것은 칠판입니다.

Note

यह yah (this) – used to denote nearer [object/thing/person]

वह vah (that) – used to denote distant [object/thing/person]

यह yah (이것) - 가까운 거리의 사람/사물을 지칭

वह vah (저것) - 먼 거리의 사람/사물을 지칭

As suggested earlier the interrogative sentence is confirmed by using जी हाँ jī hāM / हाँ hāM and it is negated by जी नहीं jī nahĩ nahIM / nahĩ

앞에서 살펴본 의문문에 대한 답으로 **जी हाँ** 지 항 jī hāṁ / **हाँ** 항은 긍정으로 쓰이고 **जी नहीं** 지 네힝 jī nahīṁ° **नहीं** / 네힝 nahīṁb는 부정으로 쓰인다.

क्या यह मेज़ है?	जी हाँ, यह मेज़ है।
꺄 예흐 메즈 해?	지 항, 예흐 메즈 해.
kyā yah mez hai?	jī hāM, yah mez hai.
이것은 책상입니까?	네, 이것은 책상입니다.
क्या यह कलम है?	हाँ। यह कलम है।
꺄 예흐 껄럼 해?	항, 예흐 껄럼 해.
kyā yah kalam hai?	hāM, yah kalam hai.
이것은 펜입니까?	네, 이것은 펜입니다.

क्या यह किताब है?	जी नहीं। यह किताब नहीं कापी है।
꺄 여흐 끼땁 해?	네 힝. 여흐 끼땁 네힝 까삐- 해.
kyā yah kitāb hai?	jī nahĩ, yah kitāb nahĩ kāpī hai.
이것은 책입니까?	아니요, 이것은 책이 아닙니다. 공책입니다.

क्या यह मकान है?	नहीं। यह मकान नहीं, दुकान है।
꺄 여흐 머깐 해?	네힝. 여흐 머깐 네힝, 두깐 해.
kyā yah makān hai?	nahĩ, yah makān nahĩ, dukān hai.
이것은 집입니까?	아니요, 이것은 집이 아닙니다. 가게입니다.

Excercise 연습문제

1. Write the Hindi equivalent of the following against each word:
다음의 각각의 단어들에 대응하는 힌디어를 쓰세요.

that	저것	this	이것
Kalam	펜	shop	가게
book	책	note book	공책
yes	네	no	아니요

2. Write five sentences choosing appropriate words from :
다음의 단어들 중 적절한 것을 선택하여 다섯 문장을 만드세요.

यह	वह	कापी	है।
		नाव	
		कान	
		आम	
		मेज़	

1 ....

2 ....

3 ....

4 ....

5 ....

3. Fill in the blanks 빈칸을 채우시오

Model	1. यह......है। (집) (house)	यह मकान है
	2. वह ......है। (공책) (note book)	वह कापी है।

1. यह .... है। (귀) (ear)
2. वह .... है। (보트) (boat)
3. यह .... है। (망고) (mango)
4. वह .... है। (책상) (table)
5. यह .... है। (책상) (pen)
6. वह .... है। (펜) (shop)

1.3 परिचय [parichay]

Introduction
소개

1.3.1 अपना परिचय [apanā parichay]

self introduction - 자기소개

- मैं लड़का / लड़की हूँ।

maĩ laRkā / laRkī hūM. — 맹 라르까 / 라르끼 훙

I am a boy / girl. — 나는 소년 / 소녀이다.

- मेरा नाम शाम / सरला है।

merā nām shām / saralā hai. — 메라 남 샴[h] / 싸를라 해

My name is Sham / Sarala. — 내 이름은 샴 / 싸를라이다.

- मेरी उम्र / आयु पंद्रह वर्ष की है।

merī umra / āyu pandrah varsha kī hai. — 메리 우므르 / 아유 빤드라흐 와르스 끼 해

I am fifteen years old. — 나는 15살이다.

- मैं दिल्ली में रहता / रहती हूँ।

maĩ dillī mẽ rahtā / rahtī hūM. 맹 딜리 메 레흐따 / 레흐띠 훙
I live in Delhi. 나는 델리에 산다.

- मैं कालेज जाता / जाती हूँ।

maĩ kālej jātā / jātī hūM. 맹 깔레즈 자따 / 자띠 훙
I go to college. 난 대학에 다닌다.

- मैं हिन्दी पढ़ता / पढ़ती हूँ।

maĩ hindī paRhtā / paRhtī hūM. 맹 힌디 빠르̇따 / 빠르̇띠 훙
I study Hindi. 나는 힌디를 공부한다.

- मेरे कालेज का नाम कमलादेवी महाविद्यालय है।

mere kālej kā nām kamalādevī mahāvidyālay hai.
메레 깔레즈 까 남 까믈라데비 마하위디야러여 해
The name of my college is Kamalaldevi mahavidyalaya.
나의 대학의 이름은 까믈라데비 대학이다.

- मेरा घर कालेज के पास है।

merā ghar kālej ke pās hai. 메라 가^{h}르 깔레즈 께 빠스 해
My house is near to the college. 우리 집은 대학 근처에 있다.

1.3.2 अपना परिवार [apanā parivāra]

My family - 가족소개

- ये मेरे पिताजी हैं।

ye mere pitājī haĩ. 예 메레 삐따지 행
This is my father. 이분은 제 아버지이십니다.

- इनका नाम सागर वर्मा है।

inakā nām sāgar varmā hai. 인까 남 싸가르 와르마 해
His name is Sagar varma. 이분의 성함은 사가르 와르마이다.

- वे डाक्टर हैं।

ve Dactar haĩ. 웨 닥떠르 행
He is a doctor. 그분은 의사이다.

- वे मेरी माताजी हैं।

ve merī mātājī haĩ. 웨 메리 마따 지 행

She is my mother. 그분은 제 어머니이십니다.

- वे अद्यापिका हैं।

ve adyāpikā haĩ. 웨 아댜삐까 행

She is a teacher. 그분은 (여)선생님이십니다.

- वह अंग्रेज़ी पढ़ाती हैं।

vah angrezī paRhātī haĩ. 워허 앙그레지 빠라띠 행

She teaches English. 그분은 영어를 가르치십니다.

1.3.3 मित्र का परिचय [mitra kā parichay]

Introduction of a friend - **친구소개**

- यह मेरा मित्र दोस्त / मेरी सहेली है।

yah merā mitr / merī sahelī (dost) hai. 여허 메라 미뜨르 도스뜨/ 메리 싸헬리 해

He / She is my friend. 그(녀)는 내 친구이다.

- इसका नाम अमन / राधा है।

iskā nām aman / rādhā hai. 이스까 남 아만 / 라다^h 해

His / Her name is Aman / Radha. 그(녀)의 이름은 아만 / 라다이다.

- हम दोनों एक ही कालेज में पढ़ते हैं।

ham donõ ek hī kālej mẽ paRhte hãi. 함 도농 에끄 히 깔레즈 메 빠르떼 행

We both study in same college. 우리 둘은 같은 대학에서 공부한다.

- अमन / राधा की बडी बहन हमें हिन्दी पढ़ाती हैं।

aman / rādhā kī barī bhan hamẽ hindi paRhātī haĩ.

아만 / 라다^h 끼 바리 버헌 하멩 힌디 빠라띠 해

Aman / Radha's elder sister teaches us Hindi.

아만 / 라다^{h}의 큰 누이는 우리에게 힌디를 가르친다.

- अमन / राधा को चाय बहुत पसंद है।

aman / rādhā ko cāy bahut pasand hai. 아만 / 라다^h 꼬 짜이 버훗 빠싼드 해

Aman / Radha likes tea a lot. 아만 / 라다는 짜이를 좋아한다.

- अमन / राधा के पिताजी पुलिस अधिकारी हैं।

aman / rādhā ke pitājī pulis adhikārī haĩ. 이만 / 라다^h 께 삐따지 뿔리쓰 아디^{h}까리 행

Aman / Radha's father is a police officer. 아만 / 라다의 아버지는 경찰공무원이시다.

- हम अच्छे दोस्त हैं।

ham acche dost haĩ. 함 아체 도스뜨 행

We are good friends. 우린 좋은 친구다.

- मेरा एक छोटा भाई है।

merā ek choTā bhāī hai. 메라 에끄 초^{h}따 바^{h}이 해

I have one brother. 나에겐 남동생이 한 명 있다.

- उसका नाम नारायण है।

usakā nām nārāyaN hai. 우스까 남 나라얀 해

His name is Narayan. 그의 이름은 나라얀이다.

- वह पाठशाला / स्कूल जाता है।

vah pāThshālā / skūl jātā hai. 워허 빠트샬^{h}라 / 스꿀 자따 해

He goes to school. 그는 학교에 다닌다.

- वह आठवीं कक्षा में पढ़ता है।

vah āthvĩ kakshā mẽ paRhathā hai. 워허 아트윙 깍샤 메 빠르따 해

He studies in eighth standard/class 그는 8번째 교실에서 공부한다.

- हमारे घर में एक कुत्ता भी है।

hamāre ghar mẽ ek kuttā bhī hai. 하마레 가^{h}르 메 에끄 꾸따 비^h 해

We even have a dog in our house. 우리 집엔 개가 한 마리 있다.

- उसका रंग सफेद है।

usakā raṅg sapheda hai. 우스까 랑그 써페드 해

It is white. 그의 색깔은 흰색이다.

- वह बहुत ही प्यारा है।

vah bahut hī pyārā hai. 워허 버훗 히 빠라 해

It is very cute / lovely. 그는 굉장히 사랑스럽다.

※ शब्दावली [Shabhdāvalī] (Glossary) - 어휘

लड़का (laRkā/라르까) (n.m.) – boy 소년

लड़की (laRki/라르끼) (n.f.) – girl 소녀

उम्र (umra/우므르) (n.f) – age 나이

आयु (āyu/아유) (n.f.) – age 나이

पंद्रह (pandrah/뻔드러허) (number) – fifteen 15

वर्ष (varsha/와르셔[h]) (n.m.) – years 해, 년

रहना (rahnā/레흐나) (v.m.) – to live / stay 살다 / 머물다

जाना (jānā/자나) (v.m.) – to go 가다

पढ़ना (paRhanā/뻐르나) (v.m.) – to study 공부하다

घर (ghar/거[h]르) (n.m.) – house 집(가정)

पास (pāsa/빠쓰) (m) – near 근처

पिताजी (pitājī/삐따지) (n.m.) – father 아버지

ये (ye/예) (pn.) – he 그(들)

इनका (inakā/인까) (pn.) – his 그(들)의

वह (vah/워흐) (pn.) – she 그녀

अध्यापिका (adhyāpikā/어다삐까) (n.f.) – teacher 선생님

अंग्रेजी (angrejī/엉그레지) (n.f.) – English 영어

एक (ek/에끄) (number) – one 하나

छोटा (chotā/초[h]따) (ad,m.) – younger 젊은, 어린

उसका (usakā/우쓰까) (pn.) – his 그의

पाठशाला (pāthshālā/빠트샬[h]라) (n.f.) – school 학교

आठवीं (āThvī/아트빙) (number) – eighth 8번째

कक्षा (kaksha/꺽샤) (n.f.) – standard / grade 학년/등급

कुत्ता (kuttā/꾸따) (n.m.) – dog 개

रंग (rańg/렁그) (n.m.) – color 색깔

सफेद (saphed/써페[h]드) (n.m.) – white 하얀색

बहुत (bahut/버후뜨) (adj.m.) – too/very much 아주, 매우(많은)

भाई (bhāī/바ʰ이) (n.m.) – brother 형제

मित्र (mitr/미뜨르) (n.m.) – friend 친구

दोस्त (dost/도쓰뜨) (n.m.) – Boy friend 친구(남자)

सहेली (saheliī/싸헬리) (n.f.) – friend(girl) 친구(여자)

Personal pronouns

Hindi personal pronouns distinguish three persons (first, second and third) ; two numbers (singular & plural) ; and cases (direct & oblique).

Second person plural pronouns distinguish two different degrees of respect familiar and polite.

Third personal pronouns are specified as either proximate or non-proximode.

인칭대명사

힌디 인칭대명사는 1인칭, 2인칭, 3인칭/단수, 복수/직격, 사격으로 구별된다.

2인칭 복수는 친근함과 정중함을 나타내는 2가지 방법으로 구별된다.

3인칭 대명사는 근거리와 원거리 지시로 구별된다.

The direct forms of Hindi personal pronouns are as follows.

	singular	plural
1st person	मैं (maĩ) – I	हम (ham) – we
2nd person	तू (tū) – you(intimate)	तुम (tum) – you(familiar)
		आप (āp) – you(polite, respect)
3rd person [proximate]	यह (phonetically) ये – he, she, it	
	ये (ye) they ; he/she(honoritic)	
[non-proximate]	वह vah (phonetically vo or wo) – he, she, it	
	वे (ve) they, he, she(honoritic)	

힌디 인칭대명사의 직격 형태는 다음과 같다.

	단수	복수
1인칭	मैं (maĩ/맹) – 나	हम (ham/험) – 우리
2인칭	तू (tū/뚜-) – 너(아주 친함)	तुम (tum/뚬) – 너(친함)
		आप (āp/압) – 너(정중, 존경)
3인칭 [근 지시]	यह 여흐(phonetically 발음) ye - 이, 이 녀, 이것	
	ये 예 이분, 이분(여자) (존경)	
[원 지시]	वह 워흐 (phonetically vo or wo) – 그, 그녀, 그것	
	वे 웨 그들, 그분, 그분(여자) (존경)	

※ Use of आप (*āp*), हम (*ham*) and यह (*yah*) वह (*vah*), ये / वे (*ye*/*ve*)

आप (āp) is used to address individuals whom the speaker whishes to accord respect. The form is therefore employed for elders, teachers and employers. It is generally used in situations involving a high degree of formality.

In situations of social inequality आप (āp) is appropriate for addressing the superior.

आप (*āp*), हम (ham)와 यह (*yah*) वह (*vah*), ये / वे (*ye*/*ve*)의 쓰임

आप은 상대방을 높여서 부를 때 쓴다. 그러므로 이것은 자신보다 연장자나, 선생님, 고용주 등에게 쓰며 일반적으로 공식적인 상황에서 쓴다.

사회적 지위가 동등하지 않을 때 आप은 자신보다 높은 사람에게 쓰인다.

*For example **आप से मिलकर खुशी हुई।**
āp se milkar khushī huī.
압 쎄 밀꺼르 쿠^{h}쉬^{h}-후잉
Glad to meet you.
당신을 뵙게 되어 기쁩니다.

आप हमारे आदर्श हैं।
āp hamāre ādarsh haĩ.
압 허마레 아다르쉬^{h} 해.
You are our ideal.
당신은 우리의 이상입니다.(당신을 존경합니다.)

आप कभी हमारे घर आईये।
āp kabhī hamāre ghar āiye.
압 까비[h] 허마레 거[h]르 아이에
Please, come home some time.
언제 한번 우리 집에 와주세요.

हम (ham) is the normal first person pronoun used to express the English notion 'we'. It is however, used in some varieties of colloquial Hindi in singular sense in place of the first person singular pronoun मैं maĩ for eg. हमारा नाम गीता है.(hamārā nām geetā hai) when used by females, it is not uncommon for 'हम' (ham) to command masculine verb forms.

हम은 일반 1인칭 대명사로 영어로는 '우리'인 복수를 지칭하지만 힌디 일상 회화에서는 मै 대신에 '나'를 의미하는 단수로 쓰인다. 예 हमारा नाम गीता है। (hamārā nām geetā hai) '나의 이름은 기따입니다'
여성이 화자일 경우, हम 뒤에 따르는 동사형은 남성형이 아니다.

यह/वह (yah/vah) - The third person singular proximate pronoun 'यह' (yah) [commonly pronounced ये ye] generally refers to a person or thing proximate to the speaker, or the most recent of a number of items mentioned in some discourse.

यह/वह (yah/vah)- 3인칭 단수 근 지시대명사 यह(yah) (발음은 일반적으로 ये [ye] 로 함)는 화자에게 가까운 사물이나 사람을 지칭하거나 대화에서 최근의 많은 수의 화제거리를 말할 때 쓰인다.

'वह' (vah)[commonly pronounced as वो (vo) or (wo)] indicate a person or thing distant from the speaker or an item (among two or more) earlier specified in some discourse. When degree of proximity to the speaker is not being specifically indicated, वह (vah) tends to be preferred as the common third person singular pronoun for 'he', 'she' and 'it'.

'वह' (vah) (발음은 일반적으로 **'वो'** ((vo) 또는 (wo)로 함)는 화자에게서 먼 사람이나 사물을 지칭하거나 어떤 대화문에서 일찍 구체화된 둘 이상의 아이템을 말할 때 쓰인다.

화자로부터 떨어진 거리 정도가 특별히 지정되지 않을 때 '그', '그녀' 또는 '그것' 을 뜻하는 **'वह'** (vah)가 일반 3인칭 단수 대명사로 자주 쓰인다.

*For example **यह / वह मेरा भाई है।**
yah/vah merā bhāi hai.
여흐/ 워흐 메라 바[h]이 해.
이/그는 나의 형제이다

यह / वह मेरी किताब है।
yah/vah meri kitāb hai.
여흐/워흐 메리 끼땁 해.
이/그것은 나의 책이다.

'ये' (ye) and **'वे'** (ve) are third person plural, proximate and non-proximate respectively. Although grammatically plural they can both be used to refer either individuals or groups of them. This use of plural pronouns with singular reference is employed as a sign of respect to the person indicated by the pronoun.

'ये' (ye) and **'वे'** (ve)는 3인칭 복수로 근, 원 지시 존칭으로 쓰인다. 문법적으로는 복수이지만 이것들은 단수와 복수를 모두 지칭할 수 있다.

단수를 언급하면서 복수 대명사 형태를 쓰는 것은 그 단수에 대한 존칭을 나타낸다.

*For example **वे मेरे बडे भाई हैं।**
ve mere baRe bhāī haĩ
웨 메레 바레 바[h]이 해
그분은 나의 형님입니다.

ये मेरी बड़ी बहन हैं।
ye merī baRī bahan haĩ
예 메리 바리 베헨 해
이분은 나의 누님입니다.

ये मेरे गुरुजी हैं।
ye mere gurujī haĩ.
예 메레 구루지- 해.
이분은 나의 선생님입니다.

Note

In Hindi a noun or pronoun comes either in the singular or in plural number. The singular number denote one and only one person or thing, the plural number denotes more than one person or a thing.

In Hindi there are two genders - masculine and feminine, every noun is either masculine or feminine. Gender is partly natural(based on sex) and partly grammatical (based on usage) The indication of the gender is given against word in the lesson as m-masculine, f- feminine.

힌디에서 명사나 대명사는 복수와 단수로 쓰일 수 있다. 단수는 오직 한 명이나 한 개의 것을 말하고 복수는 둘 이상의 사람이나 사물을 말한다.

힌디에는 두 가지 성이있다. - 남성과 여성

모든 명사는 남성 또는 여성을 가진다. 성은 부분적으로는 자연발생적(성별에 근거한)이며 부분적으로는 문법적(쓰임에 근거한)이다.

이 책에서 남성은 m 여성은 f로 나타내기로 한다.

※ Use of होना honā to be

The Hindi verb for 'to be' is **होना** (honā). This verb can be used in two ways.

① It conveys the being or existence of a thing.

② It is used as auxiliary of the main verb in all three tenses, present, past and future in varied forms. Such as indefinite, continuous and perfect. etc.

Present tense forms of **होना** (honā) agree with their subjects in number and person.

동사 중 영어 'be 동사' '이다'에 해당하는 것이 **होना** (honā) 동사이다. 이 동사는 두 가지 방법으로 쓰인다.

① 사물의 존재를 나타낼 때

It is used as auxiliary of the main verb in all three tenses, present, past and future in varied forms. Such as indefinite, continuous and perfect. etc.

② 현재·과거 그리고 미래의 이 모든 시제에서 주요동사의 조동사로 사용된다. 예를 들면 부정형, 진행형, 완료형 등과 같이 사용된다.

모든 문장에서 주 동사의 보조 동사로 쓰일 때.

※ Use of honā 'होना' (Present Tense)

'होना' (honā) 동사의 현재형은 주어의 성과 인칭에 따른다.

singular		plural	
मैं māi	हूँ hūM	हम ham	हैं haĩ
तू tū	ह hai	तुम tum	हो ho
यह / वह yeh / vah	है hai	ये / वे ye / ve	हैं haĩ

Reading Practice

मैं लड़का हूँ।
māi laRkā hūM
메 러'르까 훙.

हम लड़के हैं।
ham laRke haĩ
험 라'르께 행.

तू लड़का है।
tū laRkā hai
뚜 러'르까 해.

तुम लड़का हो।
tum laRke ho
뚬 러'르까 호.

यह लड़का है।
yah laRkā hai
여흐 라'르까 해.

वह लड़का है।
vah laRkā hai
워흐 러'르까 해.

ये लड़के हैं।
ye laRke haĩ
예 러'르께 해.

वे लड़के हैं।
Ve laRke haĩ
웨 러'르께 해.

आप लड़का हैं।
āp laRkā haĩ
업 러'르까 해.

※ है hai & हैं haĩ

The third person singular and plural present tense forms of the verb 'to be' are है hai and हैं haĩ respectively. It should be noted that these forms differ from one another only by presence of nasality in the plural.

'होना' (honā)동사의 3인칭 단수와 복수 현재 시제형은 각각 है hai와 हैं haiṁ이다. 주의할 것은 복수형에서 확실히 비음을 사용하여 구별해 줘야 한다는 것이다.

यह किताब है।	ये किताबे हैं।
yah kitāb hai.	ye kitābẽ haiṁ.
여흐 끼땁 해	에 끼끼베 해.
यह घोड़ा है।	**ये घोड़े हैं।**
yah ghorā hai.	ye ghoRe haiṁ.
에흐 고ʰ라 해.	예 고ʰ레 해.

※ Usage of 'का' kā

In Hindi 'का' kā postposition indicates possession, it agrees in the same way as an adjective in *ā* with noun.

※ 'का' kā 의 쓰임

힌디에서 후치사 'का' kā는 '소유'를 나타내며 이것은 'अ'가 명사와 같이 쓰일 때 형용사로써 똑 같은 방법에 따른다.

*For example

राम का बेटा	मोहन का मकान
rām kā beTā	mohan kā makān
람 까 베타.	모한 까 머깐.
Ram's son	Mohan's house
람의 아들	모한의 집.

The various forms of post position का kā can be arranged as follows.

후치사 का kā의 다양한 형태는 다음과 같다.

		M	F
Dire.	singular	का kā	की kī
	plural	के ke	की kī
Oblique.	sin.	के ke	की kī
	plu.	के ke	की kī

*For example

Dire.(지격)	राधा का भाई rādhā kā bhāī 라다 까 바이.	राधा की बहन rādhā kī bahan 라다 끼 베헨.
	राधा के भाई rādhā ke bhāī. 라다 께 바잉.	राधा की बहनें rādhā kī bahanẽ 라다 끼 베헤넹.
Oblique.(사격)	राधा के भाईने rādhā ke bhāīne 라다 께 바잉 네.	राधा की बहनने rādhā kī bahanne 라다 끼 베헨 네.
	राधा के भाइयोंने rādhā ke bhāiyõne 라다 께 바이용네.	राधा की बहनोंने rādhā kī bahanõne 라다 끼 베헤농네

The post position 'का' kā agrees with a noun following it in number, gender and case.

후치사 'का' kā는 뒤따르는 명사의 성, 수를 따른다.

Possessive constructions in Hindi are used to connect nouns standing in many different relations to each other;

힌디의 소유격화는 서로 아주 다른 관계를 나타내는 다양한 명사들을 서로 연결하는데 쓰인다.

गंगा का पानी	कोरिया का मौसम
gańgā kā pānī. 겅가 까 빠니. the water of Ganges. 갠지스강의 물	koriyā kā mausama 꼬리야 까 모썸 the weather of korea 한국의 날씨.
संतरे का दाम	
sańtre kā dāma 썽뜨레 까 담. the price of orange 오렌지의 가격	

※ उच्चारण अभ्यास Pronunciation Practice

मेरा परिवार

मेरा नाम आकाश है। मेरे परिवार में छः सदस्य हैं।माँ, पिताजी, बहन गीता, दादा, दादी और मैं।

मैं अठारह वर्ष का हूँ। मैं कालेज में पढ़ता हूँ। मेरे कालेज का नाम दिल्ली महविद्यालय है। मैं अंग्रेजी और हिंदी पढ़ता हूँ।

मेरी माँ का नाम रजनी शर्मा है। वह एक दफ्तर में काम करती हैं। वह हमारे लिए अच्छा — अच्छा भोजन बनाती है।

मेरे पिताजी का नाम राजकुमार शर्मा हैं। वे एक कंपनी में काम करते हैं। वे हमारे लिए पुस्तकें लाते हैं। मैं उनका आदर करता हूँ। वे हमें परिश्रम कर अच्छा इन्सान बनने की सीख देते हैं।

गीता मेरी छोटी बहन हैं। वह स्कूल में पढ़ती है। उसे नृत्य करना बहुत पसंद है।

मेरे दादा सेवा निवृत्त फौजी हैं। उन्हें अनुशासन बहुत प्रिय है। वे हमें देशसेवा का महत्व समझाते है।

मेरी दादी हमें कहानियाँ सुनाती हैं।

कभी — कभी हम नाना नानी के घर रहने जाते हैं।

※ merā Parivāra

merā nām akāsha hai. mere parivāra mẽ caār sadasya haĩ. mã, pitājī, bahana gīta, dādā, dādī, aur maĩ .

maĩ athārh varsha kā hūM. maĩ kāllej mẽ parathā hūM. mere kāllej kā nām dillī mahāvidyālay hai. mai angrejī aur hindī paRatā hūM.

meri mā̃ kā nām rajanī sharmā hai. vah ek daphatar mẽ kām karatiī haĩ. vah hamāre līye achhā-achhā bojan banātī haĩ.

mere pitājī kā nām rājkumar sharmā hai. ve ek kampany mẽ kām karate haĩ.

geeta merī chhoTī bahan hai. vah skūla mẽ paRatī hai. use nritya karanā bahut pasand hai.

mere dādā sevā-nivrita phoujī haĩ. unhe anushāsan bahut priya haĩ. ve hamhe desha-sevā kā mahtva smajhāte haĩ.

merī dādī hamhe kahāniyām sunātī haĩ. Kabhī kabhī ham nānā-nānī ke ghar rahane jāte haĩ.

※ Vocabulary

पढ़ना paRhanā (m) read 읽다

महाविद्यालय mahāvidhālay (m) college 대학교

अंग्रेजी angrejī (f) english 영어

दफ्तर daftar (m) office 사무실

काम kām (m. n.) work 일

करना karanā (m.v.) to do 하다

अच्छा acchā (m adj.) good/best 좋은 / 최고의

भोजन bhojan (m.n.) food 음식

बनाना banānā (m.v.) prepare 준비하다

पुस्तक pustak (f) book 책

आदर ādar (m) respect 존경

परिश्रम parishram (m) hard work 열심히 일함

इन्सान insān (m) human being 인간, 사람

सीख sīkha (f) teaching/advice 가르침

नृत्य nritya (m) dance 춤

पसंद pasand (f) like 좋아하다

निवृत nivrita (m) retired 퇴직하다

अनुशासन anushāsan (m) discipline 단련, 수양

प्रिय priya (m) dear/loving 사랑, 애정

सेवा sevā (f) service 봉사

महत्व mahatva (m) importance 중요함

कहानी kahānī (f) story 이야기

1.3.4 माधव का मकान

Madhav's House - 마다브의 집

यह माधव का मकान है। यह बहुत बड़ा है। मकान में चार कमरे हैं। नीचे तीन कमरे हैं और ऊपर एक कमरा है। ऊपर वाला कमरा हवादार है। नीचे के कमरे बड़े हैं।

नीचे रसोई घर, बैठक और सोने का कमरा है। रसोई घर में चूल्हा है।माधव की माताजी यहाँ खाना बनाती हैं।

बैठक में अच्छी रौशनी है।यहाँ माधव के पिताजी अखबार पढ़ते हैं।

ऊपर माधव का कमरा है।वहाँ अधिक सामान नहीं है।एक अलमारी, पलंग और टेबल है।

माधव के घर के सामने बगीचा है।वहाँ कई तरह के फूल और पौधे हैं।

मकान के पीछे गैरेज भी है।गैरेज में एक छोटी कार है।

※ mādhav kā makān

yah mādhav kā makān hai. yah bahut baRā hai. makān mẽ chār kamare haĩ. nīche tīn kamare haĩ aur upar ek kamarāhai, uparvālā kamarā havādār hai. nīche ke kamare baRe haĩ.

nīche rasoi ghar, baithak aur sone kā kamara hai. rasoi ghar mẽ chulhā hai. mādhav kī matājī yhām khānā banātī haĩ.

baiThak mẽ achcī raushanī hai. yahām mādhav ke pitājī(akhabār paRhate haĩ)

upar maādhav kā kamarā hai. vahām adhik sāmān nahĩ hai. ek almaārī, palang, aur tebal hai.

mādhav ke ghar ke sāmane bagīchā hai. vahāM kai tarah ke phūl aur paudhe haĩ.

makān ke pīchhe gerej hai. gerej mẽ ek chhoTi kār hai.

※ Vocabulary

मकान makān 머깐 (m) house 집

बड़ा baRā 바라 (m) big 큰

चार cār 짜르 (m) nine 넷

कमरे kamare 꺼므레 (m) rooms 방

नीचे nīce 니쩨 (m) down 아래의

तीन tīn 띤 (number) three 셋

हवादार havādar 허바다르 (m) cozy 편안한

ऊपरवाला ūparvālā 우-뻐르왈라 (m) upper 위의

रसोईघर rasoīghar 러쏘이-거르 (m) kitchen 부엌

बैठक baiThak 베-떠끄 (m) drowing/living room 거실

सोने का कमरा sone kā kamrā 쏘네 까 꺼므라 (m) bedroom 침실

चूल्हा cūlhā 쭐하 (m) stove 스토브

खाना khānā 카나 (m) food 음식

बनाना banānā 번느나 (m) to prepare 만들다

रौशनी raushanī 로-슈니 (f) light 빛

अखबार akhabār 아크바르 (m) newspaper 신문

सामान sāmān 만싸 (m) things 물건들

अलमारी almārī 얼마리 (f) cupboard/wardrobe 선반

पलंग palańg 뻘렁그 (m) cot 침대

सामने sāmne 쌈네 (m) in front 앞의

बगीचा bagīcā 버기짜 (f) garden 정원

कई तरह kai tarah 까이 떠러흐 (m) many types/kinds of 여러 종류의

फूल phūl 풀 (m) flower 꽃

पौधे paudhe 뽀데 (m) plants 풀

पीछे pichhe 삐체 (m) backside/yard 뒤쪽

गैरेज gairej 개레즈 (m) garage 차고

छोटा choTā 초따 (m) small 작은

※ The use of 'कई' kai

'कई' kai 의 쓰임

The indefinite pronoun कई kai (several, a number of, some) refers to an unspecified number of discrete entities: eg. कई लोग kaī log several people, कई कुत्ते (kai kutte)- several dogs

In contrast to 'कुछ' kucha (some) 'कई' kai (several) is limited to countable entities.

कई kai has no any special oblique case forms, thus the language shows the phrases

불한정 대명사 कई (몇몇의, 어떤)는 불특정한 수의 불명확한 실재를 언급할 때 쓰인다. 예. कई लोग kaī log 몇몇의 사람, कई कुत्ते kai kutte 몇몇의 개들 'कुछ' kucha (어떤)와 대조적으로 कई kai (몇몇의)는 셀 수 있는 명사에 쓰인다.

'कई' kai는 사격형태가 없다. thus the language shows the phrases

कई पुस्तकों मे	कई गॉवों में
kai pustakõ mẽ 꺼이 뿌스떠꽁 메 in several books 몇몇 책들에	kai gā̃on mẽ 꺼이 강봉 메 in several villages 몇몇 마을에
कई लोगों ने	**कई घरों पर**
kai logõ ne 까이 로'공 네 several persons 몇몇 사람들이	kai gharõ par 까이 거롱 빠르 in several houses 몇몇 집에
कई औरतों को	
kai auratõ ko 꺼이 오-러똥 꼬 to several women 몇몇 여자들을(에)	

कई is always grammatically plural and specifies a number of discrete entities that are not viewed as a collective group.

कई는 항상 문법적으로 복수이며 집단 명사가 아닌 불특정한 실재의 다수를 지칭할 때 쓴다.

※ use of के ke

The vast majority of Hindi post positions are compound and consist of two or more words. These postpositions are used for many different functions, ranging from the specification of case relations (eg. for X, towards X, because of X) to the description of temporal and spatial relation of different kinds (eg. after X, before X, under X). They also employed for variety of miscellaneous relations.

A The first element of compound postpositions is usually the oblique possessive case form के / की (ke/kī) as in के साथ ke sātha (with) के पास ke pāsa (near) (beside) की तरफ kī taraf (towards). From time to time compound postpositions are found in which se appears in place of के ke or की kī as the first member. The construction X से पहले [X se pahale] (before X, ie, in time), for instance, is some time used in similar sense to X के पहले [X ke pahale].

대부분의 힌디 후치사는 두 단어 이상이 결합하여 쓰인다. 이렇게 결합된 후치사들은 문장 내에서 매우 다양한 기능을 한다. 예를 들면 के लिए와 같이 'X를 위해서, X를 향해서 X 때문에' 등으로 후치사의 위치와 쓰이는 시기에 따라 다양한 의미로 쓰일 수 있다. 또 예를 들면 'X 후에, X 전에, X 아래에' 등으로 다양하게 결합된 형태의 후치사를 쓸 수 있다.

첫 번째 결합 후치사의 요소를 보면 보통 소유 사격 형태인 का / कै (ke/kī)를 들 수 있다. 예: के साथ ke sāth (~와 함께) के पास ke pāsa (~가까이에, ~옆에) की तरफ kī taraf ~를 향해서).

때때로 결합 후치사의 요소로 के कए 또는 की 대신에 से 가 쓰인다. 예를 들어 X से पहले X se pahle (X 가 일어나기 전에, 정시에)를 보면 이것은 X के पहले X ke pahle와 같은 의미를 지닌다.

eg.

उसके साथ	मेरे साथ
uske sātha 우스께 싸트 with him 그와 함께	mere sātha 메레 싸트 with me 나와 함께
तुम्हारे पास	**नदी के पास**
tumhāre pās 뚬하레 빠쓰 네 곁에 near you; in your possession 네가 가진	nadī ke pās 너디 께 빠쓰 near the river 강 근처에
आप की तरफ	**हमारी तरफ**
āp kī taraf 압 끼 떠러프 in your direction(towards you) 당신 쪽으로, 당신을 향해서	hamārī taraf 허마리 떠라프 in our direction(towards us) 우리 쪽으로, 우리를 향해서

※ Reading practice

यह मोहन है । मोहन के पास मेरी किताब है । मोहन के साथ उसका दोस्त है । उसका घर नदी के पास है । नदी की तरफ जानेवाली सड़क सँकरी है ।

yah mohan hai. mohan ke pās merī kitāba hai mohan ke sātha usakā dost hai, usakā ghar nadī ke pās hai. nadī kī taraf janevālī saRak sankarī hai

He is Mohan. My book is with Mohan. Mohan is with his friend. His house is towards the river. The road towards the river is very narrow.

그는 모한이다. 나의 책은 모한에게 있다. 모한에게는 그의 친구가 있다. 그의 집은 강 근처에 있다. 강쪽의 오가는 길은 (매우) 좁다.

※ Relations

दादा	(dādā)	Grand father	친할아버지
दादी	(dādī)	Grand mother	친할머니
नाना	(nānā)	Grand father	외할아버지
नानी	(nāni)	Grand mother	외할머니
पिता	(pitā)	father	아버지
नाना	(mātā)	mother	어머니
भाई	(bhāī)	brother	형제
बहन	(bahan)	sister	자매
चाचा	(cācā)	father's brother, uncle	삼촌
चाची	(cāhhī)	father's brother wife (aunt)	숙모
मामा	(māmā)	mother's brother	외삼촌
मामी	(māmī)	mother's brother's wife	외숙모
ताऊ	(tāū)	father's elder brother	큰아버지
ताई	(tāī)	aunt	큰어머니
मौसा	(mausā)	mothers's sister husbund	이모부
मौसी	(mausī)	aunt	이모
पोता	(potā)	grand son (son's son)	손자
पोती	(potī)	grand daughter	손녀
नवासा	(navāsā)	grand son (daughter's son)	외손자
नवासी	(navāsī)	grand daughter	외손녀

Excercise 연습문제

1. Make five sentences choosing appropriate words:
   적절한 단어를 골라 다섯 문장을 만드세요.

यह	मेरा		
वह	मेरी	बहन् भाई पिताजी़ माताजी़ गुरुजी	है। है।
वे	मेरे		

1 ....

2 ....

3 ....

4 ....

5 ....

2. Fill in the blanks:
   빈칸을 채우시오.

   1. यह राम .... मकान है।
   2. वह गीता .... किताब है।
   3. वे .... पिताजी हैं।
   4. हम बड़ों .... आदर करते हैं।
   5. कोरिया .... मौसम ठंडा है।

3. Give a brief introduction of your family.
자신의 가족을 간략하게 소개하시오.

....

....

....

....

....

....

....

....

4. Answer the following questions on the basis of the text given in the lesson माधव का मकान "mādhav kā makān":
다음의 물음에 지문 माधव का मकान을 보고 답하시오.

1 माधव के मकान में कितने कमरे हैं?

....

2 ऊपरवाला कमरा कैसा है?

....

3 रसोईघर कहाँ है?

....

4 माधव का कमरा कहाँ है?

....

5 माधव के घर के सामने क्या है?

....

5. Write equivalent of following words:
다음의 말에 대응하는 힌디어를 쓰시오.

a. with me	나와 함께	....
b. with you	너와 함께	....
c. near you.	너의 근처에	....
d. in that direction	저쪽	....
e. in our direction	이쪽	....

6. Translate the following:
다음의 말을 힌디로 바꾸시오.

a. Several days. ....
b. several book's. ....
c. several time. ....
d. several year's. ....
e. several people. ....
d. several subjects. ....
e. several things. ....
f. several students ....

1.4 मौसम [mausam]

Weather
날씨

आशा āshā Aashā	नमस्ते गीता जी । namste gītā jī. 나마스떼 기따 지 Hello, geeta. 안녕하세요 기따 씨.
गीता gītā Geeta	नमस्ते । कैसी हैं आप ? namste. kaisī haĩ āp? 나마스떼 께씨 행 압? Hello. How are you? 안녕하세요 잘 지내세요?
आशा āshā Aashā	अच्छी हूँ । achhī hūM 아치 훙 Good 좋아요.
गीता gītā Geeta	आप दिल्ली कब आयीं ? āp dilli kab āyĩ 압 딜리 껍 아이? When did you come to Delhi? 델리에 언제 왔어요?
आशा āshā Asha	जी परसों ही आई हूँ । jī, parasõ hī āī hūM 지 빠르송 히 아이 훙 Just day before yesterday. 그제 왔어요.

गीता gītā Geeta	बेंगलूर में मौसम कैसा है । benglūr mẽ mausam kaisā hai? 벵갈루르 메 머썸 께씨 해 How is the weather in Banglore? 뱅갈로르의 날씨는 어떤가요?
आशा āshā Asha	बहुत अच्छा है। ज्यादा गरमी नहीं है। पर यहाँ तो बहुत गरमी है। bahut acchā hai. jyadā garamī nahī̃ hai. 버훗 아차 해. 쟈다 거르미 내힝 해. par yahāM to bahut garamī hai. 빠르 야한 또 버훗 거르미 해. It is very good. Not much hot. but here it is too hot. 아주 좋아요. 많이 덥지 않고요. 근데 여긴 많이 덥네요.
गीता gītā Geeta	दिल्ली में तो इन दिनों बहुत गरमी होती है। delli mẽ to in dinõ bahut grami hotī hai. 딜리 메 또 인 디농 버훗 거르미 호띠 해 Usually it is hot these days in Delhi. 요즘 델리는 굉장히 더워요.
आशा āshā Aasha	मुझे गरमी पसंद नहीं। गरमी से मैं परेशान हो जाती हूँ। mujhe garamī pasand nahī̃. 무제 거르미 뻐선드 내힝 garami se maĩ pareshān ho jatī hūM. 거르미 쎄 맹 빠레샨 호 자띠 훙 I don't like hot weather. I become sick in hot. 전 더운 계절은 싫어요. 많이 괴로워지거든요.
गीता gītā Geeta	फिर आपको कौनसा मौसम अच्छा लगता है ? phir āpko kaunsā mausam acchā lagatā hai? 피르 압꼬 껀싸 머쌈 아차 러그따 해? Then, which weather do you like? 그럼 당신은 어떤 계절이 좋은가요?

आशा	सरदी का। सरदी में स्वेटर आदि गरम कपड़े पहनकर ठंड से बचा जा सकता है।
āshā	saradi kā. saradi mẽ swetar ādī garam kapaRe pahankar (사르디 까 / 사르디 메) 스웨떠르 아디 거럼 꺼뽀레 뻬흔 꺼르 ThanDa se bacā jā sakatā hai. 탄드 쎄 버짜 자 싸끄따 해.
Aasha	Winter. In winter we can wear warm cloths like sweater etc and get protected by cold. 겨울이요. 겨울엔 스웨터 등의 따뜻한 옷을 입어서 추위를 피할 수 있어요.
गीता	मुझे तो वर्षा अच्छी लगती है। खैर आप व्यस्त तो नहीं हैं?
gītā	mujhe to varshā acchī lagatī hai. 무제 또 와르샤 아치 러'그띠 해 khair, āp vyasta to nahĩ haĩ? 케르, 압 뱌스뜨 또 내힝 행?
Geeta	I like rains. 전 우기가 좋아요. However, are you busy now? 그건 그렇고, 바쁘지 않으신가요?
आशा	नहीं। क्यों?
āshā	nahĩ. kyõ ? 내힝. 꽁?
Aasha	No, why? 아뇨 왜요?
गीता	तो चलिए लस्सी पी लेते हैं।
gītā	to caliye, lassī pī lete haĩ. 또 짤리에, 러'씨 삐 레떼 행.
Geeta	Then let's go have some cold drink. 그럼 가시죠, 라씨 마시러 가요.
आशा	अवश्य।
āshā	avashya. 아와스여
Aasha	sure. 그러지요

※ Vocabulary

कब kab 껍 (q.w.) when 언제

परसों parasõ 빠르쏭 (m) day before yesterday 그제

मौसम mausam 모썸 (m) weather 날씨

कैसा kaisā 께싸 (q.w.) how 어떻게

ज्यादा jyādā 쟈다 (m) much/more 많다

गरमी garamī 거르미- (f) hot 뜨겁다, 따뜻하다

पसंद pasand 빠썬드 (f) to like 좋아하다

परेशान pareshān 빠레샨 (m) worried, uncornfortable 걱정, 근심, 어려움

सरदी saradī 써르디- (f) winter 겨울

गरम कपडे garam kapaRe 거럼 꺼쁘레 (m) warm clothes 따뜻한 옷

ठंड ThaNDa 턴드 (f) cold 추운, 차가운

पहनना pahananā 뻬헨느나 (m) to wear 입다

वर्षा – varShā 워르샤 비 (m) rainy season 우기

व्यस्त vyasta 뱌스뜨 (m) busy 바쁘다

खैर khair 케-르 (m) however 그러나

क्यों kyõ 꾱 (q.w.) why 왜

लस्सी lassī 러씨- (f) one type of cold drink prepare from yoghurt 요쿠르트 종류의 음료수

※ Important Expression

– आज बहुत सरदी / गरमी है।

āja bahut saradī/garamī hai. — 아즈 버훗 (사르디/가르미) 해

Today it is very cold/hot. — 오늘은 굉장히 (춥다/덥다).

– मैं ठिठुर रहा हूँ।

maĩ ThiThuar rahā hūM. — 맹 티투르 라하 훙

I am shivering. — 난 떨고 있다.

– हवा लगभग बंद है।

havā lagbhag band hai. — 하와 라그바그 반드 해

The wind is almost still. — 바람이 거의 잠잠해졌다.

– आकाश में काले बादल छाये हैं।

ākāsha mẽ kāle bādal chāye haĩ. 아까쉬 메 깔레 바달 차예 행

The sky is overcast. 하늘이 검은 구름으로 덮였다.

– आपको पसीना आ रहा है।

āpko pasinā ā rahā hai. 압꼬 빠씨나 아 라하 해

You are sweating / perspiring. 땀 흘리시네요.

– जोरों की वर्षा हो रही है।

jorō kī varShā ho rahī hai. 조롱 끼 와르샤 호 라히 해

It is raining heavily. 비가 심하게 온다.

– बर्फ पड़ रही है।

barf paRa rahī hai. 바르프 빠르 라히 해

It is snowing. 눈이 온다.

※ Important Seasons-주요계절

गरमी	सरदी	वर्षा	शरद	वसंत
garamī 거르미 summer 여름	saradī 써르디 winter 겨울	varShā 와르샤 rain 우기, 장마	sharad 셔러드 autumn 가을	vasant 워썬뜨 spring 봄

※ Important question words

क्यों	कब	कहाँ
kyõ 꾱 why 왜	ab 껍 when 언제	kahāM 꺼항 where 어디서
कैसे / कैसा / कैसी	**क्या**	**कौन**
kaise/kaisā/kaisī 께-쎄 / 께-싸 / 께-씨- how 어떻게	kyā 꺄 what 무엇	kaun 꼬운 who 누가

※ use of क्यों (kyõ) why 의 쓰임

- तुम क्यों आये ?
  tum kyõ āye? 뚬 꿍 아에
  Why did you come? 왜 왔니?

- वे मुझे क्यों प्रश्न पूछ रहे हैं ?
  ve mujhe kyõ prashan pucha rahe haĩ? 웨 무제 꿍 쁘라샨 뿌츠 라헤 행
  Why are they asking me questions? 왜 그들이 내게 질문하지?

- आज बरसात क्यों हो रही है ?
  āja barasāt kyõ ho rahī hai? 아즈 바르사뜨 꿍 호 라히 해
  Why it is raining today? 왜 오늘 비가 오지?

- तुम स्कूल क्यों नहीं गयी ?
  tum skūl kyõ nahī˜ gayī? 뚬 스꿀 꿍 네힝 가이
  Why did you not go to school? 너 학교 왜 안갔어?

- मैं क्यों जाऊँ ?
  mãĩ kyõ jāūM? 맹 꿍 자웅?
  Why should I go? 내가 왜 가야하지?

※ use of 'कौन' [kaun] who 의 쓰임

- कौन आया है ?
  kaun āyā hai? 껀 아야 해
  Who has come? 누가 왔니?

- तुम्हें कौन पढ़ाता है ?
  tumhe kaun paRhāthā hai? 뚬헹 껀 빠라따 해
  Who teaches you? 누가 널 가르치시니?

- उस घर में कौन रहता है ?
  usa ghar mẽ kaun rahatā hai? 우스 가르 메 껀 레흐따 해
  Who lives in that house? 그 집에 누가 살지?

- तुम्हारी पसंद का अभिनेता कौन है ?
  tumharī pasand kā abhiňetā kaun hai? 뚬하리 빠썬드 까 아비네따 껀 해
  Who is the actor of your choice? 네가 좋아하는 배우는 누구야?

- कौन-कौन मेरे साथ मन्दिर चलेंगे ?
kaun-kaun mere sātha mandir chalenge? 껀-껀 메레 사트 만디르 짤렝게
Who will come with me to the temple? 누가 나와 함께 사원에 갈래?

- वह औरत कौन है ?
vah aurata kaun hai? 워허 어라뜨 껀 해
Who is that woman? 그녀는 누구지?

- कौन है ?
kaun hai? 껀 해
Who is there? 누구야?

- आज कौन देर से आया ?
āja kaun der se āyā? 아즈 껀 데르 쎄 아야
Who came late today? 누가 오늘 늦게 왔어?

※ use of किसने [kisane] who? 의 쓰임

- 'कामायनी' किसने लिखी ?
'kāmāyanī' kisane likhī? '까마야니' 끼쓰 네 리키?
Who wrote kamayani? '까마야니'는 누가 썼지?

- तुम्हें किसने देखा ?
tumhẽ kisne dhekhā? 뚬헹 끼쓰네 데카
Who saw you? 누가 널 봤어?

- मेरा फूलदान किसने तोड़ा ?
merā phlūdān kisane toRā? 메라 풀단 끼쓰네 또라
Who broke my flower vase? 누가 내 화분 깼지?

- किसने बुलाया है ?
kisane bulāyā hai? 끼쓰네 불라야 해
Who called? 누가 불렀지?

- किसने दरवाज़ा बन्द किया ?
kisane darvājā band kīyā? 끼쓰네 다르와자 반드 끼야
Who closed the door? 누가 문을 닫았지?

The interogative pronoun **कौन** (kaun) who, when followed by postposition, occurs in special oblique forms. These pronouns, distinct in their direct case, share identical oblique case forms. The oblique plural form is **किन** (kn).

의문 대명사 **कौन** 뒤에 후치가가 붙을 경우 사격 **किस**로 변한다. 직격의 경우, 단·복수가 같은 형태이지만 사격의 경우 복수는 **किन** (kn)을 쓴다.

- वे लोग किस भाषा में बोल रहे हैं ?
  ve loga kis bhāshā mẽ bol rahe haĩ? 웨 로그 끼쓰 바샤 메 볼 라헤 행
  In what language are those people speaking? 그들은 어떤 말로 대화하고 있지?

- हम किन लोगों को देख रहे हैं ?
  ham kin logõ ko dekha rahe haĩ? 함 낀 로'공 꼬 데크 라헤 행
  At whom are we looking? 우리 어떤 이들을 보고 있는 거야?

※ use of कहाँ kahāM where

- मेरी पुस्तक कहाँ है ?
  merī pustak kahāM hai? 메리 뿌스떠끄 꺼항 해
  Where is my book? 내 책 어딨지?

- रामलाल की दुकान कहाँ है ?
  rāmalāl kī dukān kahāM hai? 람랄 끼 두깐 꺼항 해
  Where is Ramlal's shop? 람랄의 가게가 어딨지?

- दादाजी कहाँ गये हैं ?
  dādājī kahāM gaye haĩ? 다다지 꺼항 가예 행
  Where did grandfather go? 할아버지 어디 가셨지?

- तुम कहाँ हो ?
  tum kahāM ho? 뚬 꺼항 호
  Where are you? 너 어딨니?

- तुम कहाँ जा रहे हो ?
  tum kahāM jā rahe ho? 뚬 꺼항 자 라헤 호
  Where are you going? 너 어디 가는 중이야?

- कहाँ ढूँढूँ ?

kahāM DhuMDhū̃? — 꺼항 둥둥

Where should I find? — 어디를 찾아볼까?

※ use of क्या [kyā] what

- आपको क्या चाहिए ?

āpko kyā cāhiye? — 압꼬 꺄 짜히에

What do you want? — 무엇이 필요하세요?

- क्या आपने चाय पी ?

kyā āpne cāy pī? — 꺄 압쁘네 짜이 삐

did you have tea? — 차 마셨어요?

- आपको क्या लगता है ?

āpko kyā lagatā hai? — 압꼬 꺄 러'그따 해

what do you feel? — 어떠세요?

- क्या आप मेरे साथ आयेंगी ?

kyā āp mere sātha āyẽgī? — 꺄 압 메레 싸트 아옝기

would you come with me? — 저와 함께 오시겠어요?

- आपने क्या सुना ?

āpne kyā sunā? — 압쁘네 꺄 수나

what did you hear? — 무엇을 들으셨나요?

- यहाँ क्या हो रहा है ?

yahãM kyā ho rahā hai? — 야향 꺄 호 라하 해

what is happening here? — 무슨 일이 일어나는 거야?

- क्या मैं आपके साथ आ सकती हूँ ?

kyā māi āpake sātha ā sakatī hūM? — 꺄 맹 압께 싸트 아 써끄띠 훙

could I come with you? — 당신과 함께 와도 될까요?

- क्या आप बतायेंगे यह दुकान कहाँ है ?

kyā āp batāyenge yah dukān kahāM hai? — 꺄 압 버따옝게 여허 두깐 꺼항 해

would you tell me, where is this shop? — 이 가게가 어디 있는지 알려주시겠어요?

The interrogative pronoun of क्या kyā, when followed by postpositions, occur in special oblique forms. These pronouns, distinct in their direct case, share identical oblique case forms. The oblique singular form of क्या kyā is किस kis.

의문 대명사 क्या 뒤에 후치가가 붙을 경우 사격 किस 로 변한다. 직격은 단·복수를 똑같이 쓴다.

- वह आदमी किस पर बैठा है।

vah ādamī kis par baiThā hai.	워허 아드미 끼쓰 뻐르 배타 해
On what is that man sitting.	그 사람 어디에 앉았니?

- पिताजी किसको पैसे दे रहे हैं।

pitājī kisko paise de rahe haĩ.	삐따지 끼쓰꼬 빼쎄 데 라헤 행
To whom is father giving the money?	아버지께서 누구에게 돈을 주고 계시지?

※ use of कैसा (kaisā 께-샤) कैसे (kaise 께-쎄) कैसी (kaisī 께씨) How의 쓰임

- कैसे हो / कैसी हो ?

kaise ho/kaisī ho?	께쎄 호/께씨 호
How are you?	요즘 어떠냐?

- आप कैसे जा रही हैं ?

āp kaise jā rahī haĩ?	압 깨쎄 자 라히 행
How are you going?	어떻게 가고 계세요?

- मैं कैसे आऊँ ?

mãi kaise āūM?	맹 깨쎄 아웅?
How can I come?	어떻게 올까요?

- तुम कैसे कहोगी ?

tum kaise kahogī?	뚬 께쎄 꺼호기
How you will tell?	넌 어떻게 말할거니?

- कैसे जाना होगा ?

kaise jānā hogā?	께쎄 자나 호가
How to go?	어떻게 가야할까?

- आम कैसे दिये ?

āma kaise diye?	암 께쎄 디에
What is the price of mangoes?	망고의 가격이 얼마지요?

- कैसे आना हुआ ?

kaise ānā huā? — 께세 아나 후아

What brings you here? — 어떻게 오셨어요?

Excercise 연습문제

1. Answer the following: 다음에 답하시오.

   a. आज मौसम कैसा है?

   b. कल मौसम कैसा था?

   c. कोरिया में कितने मौसम है?

   d. आपको कोनसा मौसम अच्छा लगता है?

2. Fill in the blanks; 빈칸을 채우시오

   a. आज .... है।

   b. कल .... थी।

   c. मौसम .... था।

   d. वर्षा में................ है।

   e. .... क मौसम में बर्फ होती है।

3. Translate the following in Hindi: 다음을 힌디로 번역하시오:

   a. who are you? — 넌 누구니?

   ....

b. Whose book is this? 이책은 누구의 책이니?

....

c. Where is the School? 학교가 어디에 있지?

....

d. What are you doing? 너 뭐하고 있니?

....

e. When did you come? 너 언제 왔니?

....

1.5 यात्रा पर संवाद [yātrā par samvād]

Travel
여행

रमेश ramesh Ramesh	भाई सुरेश़ कहाँ रहे इतने दिन ? bhāi, suresha, kahāM rahe itane dīn? 바이, 수레쉬, 까한 라헤 이뜨네 딘? where were you these days? 요즘 어디 있었어?
सुरेश suresh Suresh	याऱ मैं यात्रा पर गया था । yār, maĩ, yātrā par gayā thā. 야르, 맹 야뜨라 빠르 가야 타 Friend, I was on travel. 어, 나 여행갔었어.
रमेश ramesh Ramesh	कहाँ गये थे ? kahāM gaye the? 까한 거에 테? Where you had gone? 어디 갔었는데?

सुरेश suresh Suresh	मैं दक्षिण भारत गया था। maĩ dakshiNa bhārat gayā thā 맹 덕쉰 바러뜨 가야 타 I had gone to south India. 남인도에 갔었어.
रमेश ramesh Ramesh	तुम्हारी यात्रा कैसी रही ? tumhārī yātrā kaisī rahī? 뚬하리 야뜨라 께씨 라히? How was your journey? 여행은 어땠냐?
सुरेश suresh Suresh	बहुत अच्छी रही़ अगले साल फिर जाऊँगा। bahut acchī rahī. agale sāl phir jaūMgā 버훗 아치 라히. 어글레 살 피르 자운가. Very nice. next year will go again. 아주 좋았어. 내년에 또 가려고.
रमेश ramesh Ramesh	तुम्हें सब से अच्छी जगह कौनसी लगी ? tumhẽ sab se acchī jagah kaunsī lagī? 뚬헨 썹 쎄 아치 저게흐 껀씨 러기? Which place did you like much? 어디가 가장 좋았니?
सुरेश suresh Suresh	मैसुर। maisūr 마에쑤르 Mysore 마이소르
रमेश ramesh Ramesh	मैसुर ही क्यों ? maisūr hi kyõ ? 마에쑤르 히 꾱? Why mysore? 왜 마이소르냐?

सुरेश	क्योंकि मैसुर बहुत सुंदर है। वहाँ का मौसम भी बहुत सुहावना है। वहाँ देखने लायक कई जगहें हैं। चामुंडी हिल, राजमहल, आर्ट गैलरी, म्युजियम आदि। थोडी दूर पर बृंदाव्न गार्डेन है। जो दुनिया का मशहूर बाग है।
suresh	kyõki maisura bahut sundar hai. vahāM kā mausam bhī 꾱끼 마에쑤르 버훗 순다르 해. 와한 까 머쌈 비 bahut suhāvnā hai. vahāM dekhane lāyak kai jagahẽ haĩ. 버훗 수하브나 해. 와한 데크네 라약 꺼이 저게헨 행. cāmundī hill rājmahal, ārTa gallery, muzium ādi. thoDī dūr 짜문디 힐 라즈마할, 아르뜨 갤러리 뮤지엄 아디.
Suresh	par vrindāvan gardan hai, jo duniyā kā mashahūr bāg hai. Because, mysore is a good place. The weather is also very pleasant and there are many places to see. Chamundi hill, Palace, Art gallery and Musium, there is Vridavan Garden, which is famous in the world. 왜냐하면, 마이소르는 예쁘기 때문이다. 그곳은 날씨도 굉장히 매력적이고 볼만한 곳이 많다. 짜문디 언덕 왕궁, 예술 박물관 등.
रमेश	अच्छा ! ऐसी बात है । तब तो मैं जरूर देखूँगा। मैसुर से तुम क्या क्या लाए।
ramesh	acchā! aisī bāt hai. tab to maĩ jarur dekhūMgā 아차! 에씨 바뜨 해. 따브 또 맹 저루르 데쿵가. maisur se tum kyā lāye? 마에쑤르 쎄 뚬 꺄 라'에?
Ramesh	O.K! is it so, then, I will defiantly see it. 그래! 이렇다니까, 그럼 꼭 봐야지. What have you brought from Mysore? 마이소르에서 뭘 가져온거야?
सुरेश	मैं ज्यादा चीजें तो नहीं लाया पर चंदन के बने कुछ खिलौने और एक मूर्ती लाया हुँ, देखोगे ?
suresh	maĩ, jiyādā cīje to nahī˜ lāyā, par candan ke bane kuch 맹 쟈다 찌젱 또 내힝 라'야 빠르 짠단 께 바네 꾸츠 khiloune aur ek murthī lāyā hūM. dekhoge? 킬러네 어르 에끄 무르띠 라'야 훙, 데코게?

Suresh	I did not bring many things, but some toys and one idol of sandalwood. Would you like to have a look? 많이는 가져오지 않았어, 그렇지만 모래로 만들어진 장난감 그리고 인형을 가져왔어.
रमेश ramesh Ramesh	जरूर वाह ! यह तो बहुत सुंदर है। jarūr! wāh, yah to bahut sundar hai. 저루르! 와, 예해 또 버훗 순다르 해 Sure. waw! it is so beautiful. 당연하지요. 아름다운 곳입니다.
सुरेश suresh Suresh	चंदन की यह माला तुम्हारे लिए ?! candan kī yah mālā tumhare liye? 짠단 끼 예해 말라 뚬하레 리에 This sandalwood rosary is for you. 백단향나무의 이 목걸이는 네 것이다.
रमेश ramesh Ramesh	धन्यवाद। dhanyawād. 단야와드 Thanks. 고맙습니다.

※ Glosary

भाई (m) bhāī- 바이- – brother 형제

कहाँ (q.w.) kahāM- 꺼항 – where 어디(에)

दिन (m) din- 딘 – day 날

यार (m) yār- 짜르 – friend 친구

यात्रा (f) yātrā- 야뜨라 – tour 여행

गया (m) gayā- 거야 – went / gone 갔다

तुम्हारी (f) tumhārī- 뚬하리- – your 너의

कैसी (q.w.f) kaisī- 께-시- – how 어떻게

अगले (m) agale- 어글래 – next 다음

साल (m) sāl- 쌀 – year 해 / 년

जगह (f) jagah- 저거흐 – place 장소

कौनसी (q.w.f) kaunsī- 꼰시 – which are 어느 / 어떤

मौसम (m) mausam- 모-썸 – weather 날씨

सुहावना (m) suhāvnā- 쑤하브나 – pleasant 즐거운

लायक (m) lāyak- 라ˡ여끄 – worth 가치있는

राजमहल (m) rājmahal- 라즈마할 – palace 궁전

दुनिया (f) duniyā- 두니야 – world 세계

मशहुर (m) mashahūr- 마셔후르 – famous 유명한

बाग (m) bāg- 바그 – garden 정원

तब (m) tab- 떱 –then 그때

तो (m) to- 또 – so, then 그렇다면 / 그럼

जरूर (m) jarūr- 저루-르 – definitely 당연히도

चीजें (f) chījẽ- 찌-젱 – things 물건들

लाया (m) lāyā- 라ˡ야 – brought 가져왔다

कुछ (m) kuch- 꾸츠 – some 어떤

सुंदर (m) sundar- 쑨더르 – beautiful 아름다운

माला (f) mālā- 말라 – rosary 염주

※ Question word

Questions in Hindi can be considered to be of two basic sorts, one type of questions, called as yes/no question, is used to elicit a 'yes' or 'no' answer from the person addressed.

※ 의문문

힌디에서 의문문의 종류에는 두 가지가 있다. 첫 번째는 다음과 같이 네/아니오로 답해야하는 Yes / No 의문문이다.

as

क्या आप प्रोफेसर राज हैं ?	क्या सिऊल दक्षिण कोरिया की राजधानी है ?
kyā āp profesar rāj haĩ? 까 압 쁘로페써르 라즈 해? Are you prof. Raj? 당신은 라즈 교수님입니까?	kyā siul dakshiNa koriyā kī rājdhānī hai? 까 씨울- 덕끄쉰 꼬리야 끼 러즈다니- 해? Is the Seoul capital of south korea? 서울은 남한의 수도입니까?

क्या आपने काम खतम किया?

kyā āpne kām khatham kiyā?
까 압 네 깜 커떰 끼야?
have you finished your work?
당신은 당신의 일을 마쳤습니까?

All these examples are of yes/no questions. The other Hindi questions called information questions, are used to elicit specific information other than yes or no from the person addressed. Eg. "who are you?", "why have you come?" "where has she gone?"

이 모든 예들은 Yes/No 의문문에 해당한다. 다른 하나는 정보 의문문이라 하는 것으로 네/아니오 외에 여타의 특정한 정보를 얻고자 하는 의문문이다. 예를 들어 '당신은 누구입니까?' '여기에 왜 왔습니까?' '그녀는 어디로 갔습니까?' 등이다.

Information questions in Hindi are indicated by any number of interrogative words that appear immediately before the verb of the sentence. All these words begin with the consonant

'क'-ka some important question words of this sort are-

정보 의문문은 문장의 주동사 바로 앞에 의문사를 놓음으로써 만들 수 있다. 이 모든 말은 자음으로 시작한다.

क ka로 시작하는 중요 의문사를 살펴보면,

- **कब** – kab 껍 – when 언제
- **कहाँ** – kahāM 꺼항 – where 어디서

- **किधर** – khidhar 끼더르 – in which direction 어느 쪽으로
- **क्यों** – kyõ 꽁 – why 왜
- **कौन** – kaun 꼬운 – who 누가
- **क्या** – kyā 꺄 – what 무엇

– सुरेश मैसूर कब गयौं ?

suresh mysore kab gayā?	쑤레쉬 매쑤르 깝 가야
When did Suresh go to mysore?	쑤레쉬가 언제 마이소르에 갔지?

– मैसूर कहाँ है ?

maisur kahãM hai?	매쑤르 꺼항 해
Where is mysore?	마이소르가 어디지요?

– आपका घर किधर है ?

āpkā ghar kidhar hai?	압까 가르 끼다르 해
where is your house?	당신의 집은 어느 방향인가요?

– रमेश मैसूर क्यों गया ?

ramesh maisur kyon gayā?	라메쉬 매쑤르 꽁 가야
Why did Raemsh go to Mysore?	라메쉬는 왜 마이소르에 갔지?

– गिलास में क्या है ?

gilās mẽ kyā hai?	길라쓰 메 꺄 해
What is in the glass?	잔에 뭐가 들었지?

Note

There are two distinct functions of the question word
क्या (kyā) standing initially, it marks as yes/no and immediately before the verb. it is to be translated as 'what'?

क्या (kyā) 의문사에는 두 가지 독특한 기능이 있다.
문장 앞에 놓여서 Yes/No 의문문을 만들수 있고, 의문사 '무엇'으로 해석될 수 있다.

※ Imperative 명령문

Three forms of second person pronoun are used in the imperative speech.

2인칭의 세 가지 형태가 명령문에서 쓰인다.

तू (tū- 뚜)	used with children, near&dear ones. 아이들이나 가깝고 친근한 이에게 쓴다.
तुम (tum- 뚬)	intimate address used with equals. 동등한 자격의 친근한 이에게 쓴다.
आप (āp- 압)	respectful address with equal elders or formal acquaintances. 연장자나 공식석상에서 쓴다.

with तू (tū) the verb root alone is used, e.g the verb जाना (jānā) is in english 'to go'. When used with (tu), it is only said as तू जा means 'you go'. But when used with तुम tum, it is said as तुम जाओ (tum jāo) in this 'ओ' (o) is added to the verb root, with आप (āp) इए (ie) or इये (iye) is added to the verb root.

예를 들어 जाना (jānā) 영어로 ('to go') 동사가 명령문에서 사용될 때, 주어가 तू (tū)일 때는 동사의 어간만 사용한다. तू जा 의미는 '너 가라' 이다. 하지만 주어가 तुम 일 때는 तुम जाओ (tum jāo)와 같이 동사의 어간에 आओ를 붙인다. 마지막으로 주어가 आप (āp)일 때는 동사의 어간에 इए를 붙인다.

e.g आप आइये, āp āie आप जाइए āp jāie.

예. आप आइए, āp āie आप जाइए āp jāie.

but do remember that in the following verbs ओ will not be used

하지만, 다음의 동사들은 불규칙으로 변한다.

देना - तुम दो(tum do 뚬 도)　　　　not देओ (deo 데오)

　　आप दीजिए (āp dijie 압 디- 지에)

लेना - तुम लो (tum lo 뚬 로ˡ) not लेओ (leo 레ˡ오)

आप लीजिए (āp lijie 압 리- 지에)

पीना - तुम पिओ (tum pio 뚬 삐오) not पीओ (pīo 삐오)

आप पीजिए (āp pījie 압 삐- 지에)

※ oblique forms of pronouns 대명사의 사격형

Like nouns many pronouns appear in special oblique forms when followed by postpositions. The oblique forms of Hindi personal pronouns given in conjunctions with the example postpositions पर (par) i.e. on, upon are as follows

대명사도 명사와 마찬가지로 후치사가 뒤따를 때 사격형을 취한다. 다음의 인칭 대명사가 '~위에' '~할 때'라는 뜻의 후치사 पर (par)와 결합할 때 변하게되는 각각의 사격형을 살펴보자.

singular					plural				
मैं	+	पर	=	मुझ पर	हम	+	पर	=	हम पर
maĩ+par = mujh par (무제 뻐르)					ham +par= ham par (험 뻐르)				
तू	+	पर	=	तुझ पर	तुम	+	पर	=	तुम पर
tū+par = tujh par (뚜제 뻐르)					tum +par =tum par (뚬 뻐르)				
यह	+	पर	=	इस पर	ये	+	पर	=	इन पर
yah+par =isa par (뚬 뻐르)					ye+par= in par (인 뻐르)				
वह	+	पर	=	उस पर	वे	+	पर	=	उन पर
vah+par= usa par (우쓰 뻐르)					ve+par= un par (운 뻐르)				
					आप	+	पर	=	आप पर
					āp+par= āp par (압 뻐르)				

The third person pronouns यह (yah), वह (vaha), ये (ye), वे (ve) also show the oblique forms इस (isa), उस (usa), इन (in) and उन (un) respectively when serving as demonstrative pronouns.

for e.g

यह (yah), वह (vah), ये (ye), वे (ve)와 같은 3인칭 지시대명사 또한 후치사와 결합할 때 각각 इस (is), उस (us), इन (in) उन (un)과 같은 사격형을 취한다.

- इस घर में चार कमरें हैं ।

is ghar mẽ cāra kamarẽ haĩ — 이쓰 가르 메 짜르 까므레 행

There are four rooms in this house — 이 집엔 방이 네 개다.

- उन खिड़कियों पर परदे नहीं हैं।

un kiRakiyõ par parade nahĩ haĩ. — 운 키르끼용 빠르데 내힝 행

There are no curtain on those windows. — 창에 커튼이 없다.

Sequences of Hindi personal pronouns followed by the postposition को (ko) may optionally be replaced by single word contractions.

다음과 같이 힌디 인칭 대명사가 후치사 को와 결합한 경우 축약이 이루어질 수 있다.

मुझ	+	को	=	मुझे	हम	+	को	=	हमें
mujha+ko= mujhe 무제					ham+ko=hamẽ 허멩				
तुझ	+	को	=	तुझे	तुम	+	को	=	तुम्हें
tujh+ko= tujhe 뚜제					tum+ko=tumhẽ 뚬헹				
इस	+	को	=	इसे	इन	+	को	=	इन्हें
is+ko=ise 이쎄					in+ko=inhẽ				
उस	+	को	=	उसे	उन	+	को	=	उन्हें
us+ko=use					un+ko=unhẽ 인헹				

Thus the sentences are 그러므로 문장에서는

मुझे भूख लगी है।	हमें बाहर जाना है।
mujhe bhūkha lagī hai	hamẽ bāhar jānā hai
무제 부-크 러기- 해.	허멩 바허르 자나 해.
I am hungry.	We want to go out.
난 배가 고파요.	우리는 밖에 나가야 해요.

तुझे क्या चाहिये।

tujhe kyā cāhiye

뚜제 꺄 짜히에.

What do you want.

넌 무엇을 원하니?

तुम्हें पढ़ना चाहिये।

tumhẽ paRhanā cāhiye

뚬헹 뻐르나 짜히에.

You have to read.

너는 공부해야 한다

इसे पैसे दो।

ise paise do

이쎄 뻬-쎄 도.

Give him money.

이 사람에게 돈을 줘라.

इन्हें अंदर ले चलो।

inhẽ andar le calo

인헹 언더르 레 짤로.

Take them inside.

이분을 안으로 모셔라.

उसे बाहर निकालो।

use bāhar nikālo

우쎄 바허르 니깔로.

Take him out.

그를 밖으로 내보내라.

उन्हें घर पसंद है।

unhẽ ghar pasand hai

운헹 거르 뻐싼드 해.

They like the house.

그들은 집을 좋아한다.

※ Possessive pronouns 소유대명사

some Hindi personal pronouns, namely मैं (māi) तू (tū) हम (ham) and तुम (tum) have special possessive forms. A list of the possessive forms of all Hindi personal pronouns is given below.

मैं (māi) तू (tū) हम (ham) तुम (tum)과 같은 힌디 인칭 대명사들은 특별한 소유격 형태를 갖는다. 이는 다음과 같다.

m.sin	m.pl	f.sing	f.pl	English equivalent
मेरा	मेरे	मेरी	मेरी	my, mine
merā	mere	merī	merī	
메라	메레	메리	메리	
हमारा	हमारे	हमारी	हमारी	our, ours
hamarā	hamāre	hamārī	hamārī	
허마라	허마레	허마리	허마리	
तेरा	तेरे	तेरी	तेरी	you, yours (intimate) (사적)
terā	terē	terī	terī	
떼라	떼레	떼리	떼리	

तुम्हारा	तुम्हारे	तुम्हारी	तुम्हारी	you, yours (formal)
tumhārā	tumhārē	tumhārī	tumhari	
तुम लोगों का	तुम लोगों के	तुम लोगों की	तुम लोगों की	yours/you peoples (공적)
tum logõ ka	tum logõ ke	tum logõ ki	tum logõ kī	
आप का	आप के	आप की	आप की	your, your honorofic, formal (존경, 공적)
āp kā	āp ke	āp kī	āp kī	

※ Non proximate 원 지시

उसका	उसके	उसकी	उसकी	his, hers, its. 그의
usakā	usake	usakī	usaki	
इसका	इसके	इसकी	इसकी	
isakā	isake	isakī	isakī	

※ proximate

उनका	उनके	उनकी	उनकी	their, theirs.
unakā	unake	unakī	unakī	
इनका	इनके	इनकी	इनकी	
inakā	inake	inakī	inakī	
किसका	किसके	किसकी	किसकी	whose (sin) 단수
kiskā	kiske	kiskī	kiskī	
किनका	किनके	किनकी	किनकी	whose (plu) 복수
kinkā	kinke	kinkī	kinkī	

मेरा घर	हमारा कमरा
merā ghar	hamārā kamaā
My house	our room
나의 집	우리 방
तेरी शादी	तुम्हारी यात्रा
terī shādī	tumhārī yātrā
your marriage	your journey
너의 결혼	너의 여행

इसकी नानी	इसके पिताजी
isakī nānī her/his grand mother 그/그녀의 할아버지	isake pitājī his/her father 그/그녀의 아버지
उसका भाई	**उनके कपड़े**
usakā bhāī his/her brother 그/그녀의 형제	unake kapaRe his/her clothes 그/그녀의 옷

When a personal pronoun is followed by a multi-word postposition beginning with one of the forms of the possessive postposition का। की । के (ka / kī / ke), (eg. के लिए ke liye; के साथ ke sāth, के बारे में ke bāre mẽ) the first word of the postposition combines with the personal pronoun to form an appropriate possessive pronoun. Thus

인칭 대명사가 का कि, कo (ka / kī / ke)로 시작하는 복합 후치사 구(예를 들어 के लिए ke liye के साथ ke saath, के बारे मे ke bāre mẽ와 결합할 때는 후치사 구의 첫 단어 का, की, कo에 따라 인칭 대명사는 사격형을 취한다.

मैं	+	के लिए	=	मेरे लिए	for me
maĩ+ ke liye = mere liye					나를 위해
तुम	+	के लिए	=	तुम्हारे लिए	for you
tum + ke liye = tumhare liye					너를 위해
तुम	+	के साथ	=	तुम्हारे साथ	with you
tum + ke sātha = tumhāre sātha					너와 함께
हम	+	के बारे में	=	हमारे बारे में	about us
ham+ bāre mẽ = hamāre bāre mẽ					우리에 관해서

※ Post indicative

Compare the following sentences in each pair and note the words.

다음 각 문장의 쌍을 비교 분석하시오.

आज सोमवार है।	कल रविवार था।
āja somvār hai, To day is Monday. 오늘은 월요일이다.	kal ravivār thā yesterday was Sunday. 어제는 일요일이었다.
गीता आज नहीं आयी ।	वह कल आयी थी।
gīta āja nahī̃ āī Today geeta is not there. 기따는 오늘 오지 않았다.	vah kal āyī thī. she came yesterday. 그녀는 어제 왔다.
इस समय दफतर खुला है।	कल बंद था।
is samay daftar khulā hai. The office is open at this moment. 이 시간 사무실은 열려 있다.	kal band thā yesterday was closed. 어제는 (가게가) 닫혀 있었다.

Note

NOTE - that the first sentences in each pair denotes present tense with finite verb है (hai) where as the second sentence denotes past tense with a verb '**था**' (thā).

첫 문장은 동사 **है** (hai)가 문장의 시제가 현재라는 것을 정의하고 두 번째 문장은 동사 '**था**' (thā)가 문장의 시제를 과거로 정의하고 있다.

eg:

– आपका भाई कल कहाँ था ?
āpkā bhāī kal kahāM thā? — 압까 바이 깔 꺼항 타
Where was your brother yesterday? — 네 형 어제 어딨었지?

– मेरा भाई कल दिल्ली में था।
merā bhāī kal dilli mẽ thā — 메라 바이 깔 딜리 메 타
My brother was in delhi yesterday. — 제 형 어제 델리에 있었어요.

– क्या चाय गरम थी ?
kyā cāy garam thī? — 꺄 짜이 거럼 티
Was the tea hot? — 차는 따뜻했니?

- नहीं चाय ठंडी थी।

nahī cāy ThɑnDī thī — 내힝 짜이 턴디 티

No, the tea was cold. — 아니, 차가웠어.

- क्या आप कल बीमार थे ?

kyā āp kal bīmār the? — 꺄 압 껄 비마르 테

Were you ill yesterday? — 어제 아프셨나요?

- जी नहीं मैं ठीक था।

jī, nahī, mãi thīk thā — 지 내힝 맹 틱 타

No, I was ok. — 아뇨 괜찮았는데요.

In the above sentences you noted that था (thā) agrees with the subject on आ (ā) ए (e) and इ- (ī) pattern.

위의 문장에서 동사 था가 문장의 주어에 일치하여 आ (ā) ए (e) ई (ī)의 패턴으로 바뀌는 것을 볼 수 있다.

Subject verb agreement can be summarized as unders-

변하는 패턴은 다음과 같이 정리할 수 있다.

था (thā) - is used for masculine singular (**남성 단수**)
थे (the˜) - is used for masculine plural (**남성 복수**)
थी (thī) - is used for feminine singular (**여성 단수**)
थी' (thĩ) - is used for feminine plural? (**여성 복수**)

※ supplementary reading passage

सुधीर नमस्ते सुनील। बहुत दिनों में दिखाई दिए। कहाँ थे इतने दिन ?

सुनील मैं छुट्टी पर था। कन्याकुमारी गया था।

सुधीर सच। तुम तो पिछले महिने भी छुट्टी पर थे।

सुनील हाँ। मै मार्च में भी छुट्टी पर था। एक थादी में जयपुर गया था।

सुधीर कन्याकुमारी कैसा लगा ?

सुनील	बहुत सुन्दर। सुर्योदय के समय का दृश्य शब्द बद्ध करना असंभव है।
सुधीर	वहाँ रहने की क्या व्यवस्था है?
सुनील	रहने के लिए सस्ते महँगे हर प्रकार के होटल हैं।
सुधीर	वहाँ लोग कैसे हैं?
सुनील	बहुत सरल स्वभाव के।
सुधीर	क्या तुम्हारी पत्नी व बच्चे भी साथ गए थे?
सुनील	नहीं बच्चों की परीक्षा थी। वे साथ नहीं जा सके । मैं दफ्तर के साथियों के साथ गया था।
सुधीर	अच्छा नमस्ते। चलता हूँ। बच्चों व भाभी के साथ घर पर आना।
सुनील	जरूर आऊँगा। धन्यवाद। नमस्ते।

sudhir	namaste sunil bahut dinõ mẽ dikhaī diye. kahāM the itane din?
sanil	maĩ chuTTī par thā. kanyākumarī gayā thā.
sudhir	saca tum to pichale mahine bhī chuTTī par the.
sunil	hāM, maĩ marca mẽ bhī chuTTī par thā ek shādī mẽ jaipur gayā thā.
sudhir	kanyakumarī kaisā lagā?
sunil	bahut sundar! suryoday ke samay kā drishya shabda baddha karanā asambhav hai.
sudhir	vahaāM rahane kī kyā vyavasthā hai?
sunil	rahane ke liye saste, mahaMge har prakār ke hoTala haĩ.
sudhir	vahāM log kaise haĩ?
sunil	bahut saral swabhāv ke.
sudhir	kyā tumhārī patnī va bacche bhī sātha gaye the?
sunil	nahĩ, bacchõ kī parikshaā thī. ve sātha nahĩ jā sake.
maĩ daftar ke sathiyõ ke sātha gayā thā.
sudjir	acchā namste calatā hūM. baccõ aur bhābhī ke sātha ghar par ānā.
sunil	jarūr āungā, dhanyawād. namaste.

※ Glossary

छुट्टी chuTTī - (f) vacation 휴가

शादी shaādī - (f) wedding 결혼

सुर्योदय suryoday - (m) sunrise 일출

शब्द बदध shabda-baddha - to put in word 말하기

असंभव asambhav - (ad) impossible 불가능한

रहना rahanā - (v) to stay/ to live 머물다, 살다

व्यवस्था vyavsthā - (f) arrangement 환경, 경제

रहने की व्यवस्था rahane kī vyasthā - (f) lodging arrangement 주거 환경

हर प्रकार के har prakār ke - of all kinds of 모든 종류의

सस्ता sastā - (adj.) cheap 싸다

महँगा mahaMgā - (adj.) expensive 비싸다

सरल saral - (adj) simple 간단한

स्वभाव swabhāv - (adj) nature / temperament 성질, 기질

परीक्षा parikshā - (f) examination 시험

दफ्तर daftar - (m) office 사무실

साथी sāthī - (m) companions 동료

दफ्तर के साथी daftar ke sāthī - (m) colleagues 사무실 동료

भाभी bhābhī - (f) brother's wife 형수, 제수

Note

In Hindi the first greeting 'Hello' is used in two different ways with same meaning. namaste नमस्ते / namaskar नमस्कार

힌디에서 '안녕하세요'는 namaste नमस्ते /namaskar नमस्कार। 두 가지 방법으로 쓸 수 있다.

for example

नमस्ते रमेश जी	नमस्कार कमला जी
namaste ramesh jī	namasakār kamalā jī

How are you? is also used in two ways.

आप कैसे / कैसी हैं ?	क्या हाल हैं ?
āp kaise/kaisī haĩ?	kyā hāl haĩ?

"잘 지내요?" 역시 आप कैसे / कैसी हैं? āp kaise/kaisī haiṁ? क्या हाल हैं? kyā hāl haĩ? 두 가지 방법으로 말한다.

kaisi- कैसी is used for female.

kaisi- कैसी는 여성에게 쓴다.

Read (पढ़िये - paRhiye) 읽어주세요

नमस्ते गीता जी।	नमस्कार मंदा जी।
नमस्ते।	नमस्कार।
आप कैसी हैं ?	क्या हाल है ?
जी मैं अच्छी हूँ।	सब ठीक है।
ठीक हूँ।	
नमस्ते वर्मा जी।	**नमस्कार वर्मा जी।**
नमस्ते।	नमस्कार।
आप कैसे हैं ?	क्या हाल है?
जी मैं अच्छा हूँ ठीक हुँ।	सब ठीक है।

Following greetings are commomly used in India.

인도에서 일반적으로 쓰이는 인사말은 다음과 같다.

नमस्ते	namste	Hello (안녕하세요)
नमस्कार	namsakār	"
जयराम जी की	jay rām jī kī	"
राम राम	rām rām	"
आदाब	ādāb	"
सलाम	salām	"
सुप्रभात	suprabhāt	Good Morning (좋은 아침입니다.)
शुभरात्री	shubharātrī	Good Night (좋은 밤 보내세요, 안녕히 주무세요)
शुक्रिया	shukriyā	Thank You (감사합니다.)

※ 'मैं' ओर 'आप' का प्रायोग 'मैं'와 'आप' 의 쓰임

(use of 'maĩ' and 'āp')

In Hindi मैं (maĩ) is used as first person pronoun. it is always used in singular /direct form.

In normal educated usage आप (āp) is the pronoun of address to one's peers and others whom one addresses on formal terms.

आप (āp) is used with third person plural verb, whether the reference is to one person or more than one.

힌디에서 मैं (mãi)는 1인칭 대명사로 쓰이며 그것은 항상 단수 직격형태로 쓰인다. आप (āp)은 일반적인 식자층 사이에서 상대방을 지칭하거나 공식 석상의 호칭으로 쓰인다. आप (āp)이 주어일 때 동사는 3인칭 복수주어에 맞추어 변하며 지칭되는 상대방은 한 명 또는 그 이상일 수 있다.

आप कैसे हैं ?	āp kaise haĩ? (남성지칭)	masculine reference
How are you?	잘 지내세요?	

आप कैसी हैं ?	āp kaisī haĩ? (여성지칭)	feminine reference
How are you?	잘 지내세요?	

In short - आप āp is used for respectful address with elders or formal acquaintances.

요약 – आप āp은 연장자에 대한 존경의 호칭이나 공식석상에서 지칭되는 상대방에게 쓴다.

Excercise 연습문제

1. Answer the following questions on the basis of the text given in the lesson यात्रा पर संवाद "yātrā par saṁvād":
   यात्रा पर संवाद "yātrā par saṁvād":지문을 바탕으로 다음의 질문에 답하시오.

   a. सुरेश कहाँ गया था?

   ....

   b. सुरेश को सबसे अच्छि जगह कौनसी लगी?

   ....

   c. मैसर कैसा शहर है?

   ....

   d. मैसर में देखने लायक कौनसी जगहें है?

   ....

   e. सुरेश मैसुर से क्या लाया?

   ....

2. Fill in the blanks: .... 빈칸을 채우시오

   a. गिलास में .... पानी है।

b. मेज़ .... किताब है।

c. खिड़कियों .... परदें नहीं है।

d. पौधों .... फूल है।

e. फूलों .... खुशबू है।

3. Translate the following: 다음을 힌디로 바꾸시오.

a. Today is Sunday. 오늘은 일요일이다.

....

b. yesterday it was Friday. 어제는 금요일이었다.

....

c. Those are his book's. 그것들은 그의 책이다.

....

d. Miss. Kim is her elder sister. 미스 김은 그녀의 언니이다.

....

e. They are our brothers. 그들은 우리의 형제들이다.

....

1.6 स्टेशन पर
At The Station
기차역에서

विदेशी videshī	कुली। kulī. 꿀리 짐꾼
कुली kulī	जी साहब कहाँ जाइएगा ? jī sāhab khāM jāiiegā. 지 사헙 꺼항 자이에가? 예 어디 가시게요?
विदेशी videshī	बाहर। bāhar. 바하르 밖에
कुली kulī	ठीक है। Thīk hai. 틱 해 그러지요
टेक्सी ड्राइवर teksī drāivar	कहाँ जाइएगा ? khāM jāiegā. 까항 자이에가? 어디로 가세요?
विदेशी videshī	ताज होटल। tāja hoTala. 따즈 호딸 타즈 호텔이요.
टेक्सी ड्राइवर teksī drāivar	यह ताज होटल है। yah tāj hoTala hai. 여허 따즈 호딸 해 여기가 타즈 호텔입니다.

विदेशी
videshī

कितने पैसे हुए?
kitane paise huie.
끼뜨네 빼쎄 후에?
얼마지요?

टेक्सी ड्राइवर
teksī drāivar

जी साठ रुपये।
jī sāTha rupaie.
지 사트 루뻬
예 60루삐입니다.

विदेशी
videshī

एक कमरा चाहिए।
ek kamarā chāhie.
에끄 꺼므라 짜히에
방 하나 주세요.

क्लर्क
klark

इस मंज़िल पर एक कमरा खाली है।
isa manzila par ek kamarā khālī hai.
이쓰 먼질 뻐르 에끄 꺼므라 칼리 해
이 층엔 방 하나가 비었습니다.

विदेशी
videshī

कोइ बात नहीं। कितना किराया है?
koi bāt nahĩ, kitanā kirāyā hai?
꼬이 바뜨 내힝 끼뜨나 끼라야 해?
괜찮습니다. 얼마이지요?

क्लर्क
klark

एक दिन का तीन सौ रुपये।
ek din kā tīn sau rypayā.
에끄 딘 까 띤 써 루뻬
하루에 300루삐입니다.

विदेशी
videshī

ठीक है।कमरे में ए. सी. है ना ?
Thīk hai. kamarĕ mẽ A,C. hai nā?
틱 해. 까므레 메 에씨 해 너?
좋아요. 방에 에어컨은 있지요?

क्लर्क
Klark

हाँ है।
hāM hai.
항 해
예. 있어요.

विदेशी videshī	कमरा कहाँ है ? kamarā kahāM hai? 꺼므라 꺼항 해? 방이 어디지요?
बैरा bairā	यही है। क्या लाऊँ चाय या कॉफी ? yahī hai. kyā lāūM chāy yā kofī. 여히 해. 꺄 라웅 짜이 야 꺼피 이겁니다. 뭐 드시겠어요? 차? 커피?
विदेशी videshī	कॉफी और साथ में कुछ बिस्कुट भी लेके आना। kofī aur sātha mẽ kuchha biscuTa bhī leke ānā. 꺼피 어르 사트 메 꾸츠 비스꾸뜨 비 레께 아나. 커피하고 비스켓도 조금 가져다주시오.

Foreigner	Proter.
Porter	Yes sir! where will you go?
Foreigner	Let's go out.
Taxi driver	Where will you go?
Foreigner	To Taj Hotel.
Taxi driver	This is Taj hotel.
Foreigner	How much have I to pay?
Taxi driver	Sixty rupees.
Foreigner	I want a room.
Clerk	On this floor there is vacant room.
Foreigner	No matter. How much is the rent?
Clerk	Three hundred rupees per day.
Foreigner	Okay. Is there AC in the room?
Clerk	Yes.
Foreigner	Where is the room?
Attendant	Here it is.
	What should I bring, coffee or tea?
Foreigner	Coffee, and get some biscuits.

※ Vocabulary

विदेशी videshī 비데시 (m)	Foreginer 외국인
कुली kulī 꿀리 (m)	Porter 짐꾼
क्लर्क klark 끌라끄 (m)	Clerk 직원
बैरा bairā 배-라 (m)	Attendant 접수인 / 안내
जाइएगा jāiegā 자이에가 (v)	will go 갈 것이다
साठ sāTha 싸뜨 (number)	Sixty 60
होटल hotal 호떨 (m)	hotel. 호텔
कमरा kamarā 꺼므라 (m)	room 방
खाली Kkhālī 칼리 (m)	vacant 비어있는
मंज़िल manzil 만질 (f)	floor 층 / 계단
किराया kirāyā 끼라야 (m)	rent 임대 / 대여
चाहिए cāhie 짜히에 (v)	want 원하다
कहाँ kahāM 꺼항 (adv.)	Where 어디에
लाना lānā 라나 (v)	bring 가져오다
कुछ kucha 꾸츠	some 어떤

※ substitue vocabulary 방향 어휘

सामने	ऊपर	नीचे	बगल में	यहाँ
sāmane 싸므네 in fornt 앞에	ūpar 우뻘 up 위에	nīce 니쩨 down 아래	bagal mein 버걸 메 next 다음에	yahāM 여항 here 여기/이곳
वहाँ	**इधर**	**उधर**	**आसपास**	
vahāM 워항 there 거기/그곳	idhar 이다르 here 이쪽	udhar 우다르 there 저쪽 / 그쪽	āpās 아쓰-빠쓰 near by 근처에	

※ Reading practice

- दुकान के सामने स्कुटर खड़ा है।

dukān ke sāmne skuatar khaRā hai. 두깐 께 쌈네 스꾸떠르 카라 해

The scooter is in front of the shop. 가게 앞에 스쿠터가 세워져있다.

- ऊपरवाला कमरा खाली है।

upar vālā kamrā khālī hai. 우빠르왈라 꺼므라 칼리 해

The room on the floor above is vacant. 윗방이 비었다.

- नीचे गराज है।

nīche garāj hai 니쩨 거라즈 해

The garage is below. 아래는 차고이다.

- घर की बगल में ही सब्जी की दुकान है।

ghara kī bagal mẽ hī sabjī kī dukān hai. 거르 끼 버갈 메 히 써브지 끼 두깐 해

There is vegetable market just next to the house. 집 바로 옆에 야채시장이 있다.

- मेरा कालेज यहाँ से नज़दीक है।

merā kālej yahāM se nazadik hai. 메라 깔레즈 야항 쎄 나즈디끄 해

My college is very near from here. 내 학교는 여기서 가깝다.

- वहाँ से आप बस से जा सकते हैं।

vahāM se āp bas se jā sakate haĩ 와항 쎄 압 버스 쎄 자 싸끄떼 행

You can take bus from there. 저곳에서 버스로 가실 수 있어요.

- इधर पान की दुकान है।

idhar pān kī dukān hai. 이다르 빤 끼 두깐 해

Here is a pan shop. 여기에 빤 가게가 있다.

- उधर स्टेशन है।

udhar stesha hai. 우다르 스떼샨 해

There is the station. 저곳에 역이 있다.

- आसपास के लोग बहुत अच्छे हैं।

āspās ke log bahut acche haĩ. 아쓰빠쓰 께 로그 버훗 앗체 행

People in the neighbourhood are very good. 근처의 사람들은 굉장히 좋다.

In Hindi सामने sāmane, नीचे nīce, and ऊपर ūpar are usually followed by prefix के (ke) as के सामने (ke sāmane), के नीचे (ke nīche) and के ऊपर (ke ūpar), where as बगल (bagal) is always used with की बगल में (kī bagal mẽ).

힌디에서 सामने 쌈네 sāmne, नीचे 니-쩨 nīce, and ऊपर 우뻘 ūpar 등은 일반적으로 후치사 के 께 ke와 함께 쓰인다. (예 के सामन 께 쌈네 ke sāmne, के नीचे 께 니쩨 ke nīce के ऊपर 께 우뻘 ke ūpar) 반면 बगल bagal 버걸는 की बगल में kībagal meÞ 버걸 메.와 같이 항상 후치사 की와 함께 쓰인다.

Excercise 연습문제

1. you have entered a hotel. What would you say when:
   당신이 호텔에 들어갔을 때, 다음과 같은 상황에서 필요한 표현을 말해보시오.

   a. you need a room. 방이 필요할 때

   ……………………………………………………………………………

   b. you want to know the rent of the room.. 방 값을 물어볼 때

   ……………………………………………………………………………

   c. you want to know the location of the room. 방의 위치를 물어볼 때

   ……………………………………………………………………………

   d. you want to know the location of the bathroom. 화장실의 위치를 물어볼 때

   ……………………………………………………………………………

2. How a bearer would tell you that:
다음을 힌디로 말해보시오.

a. a room is upstairs. 방은 위 층에 있습니다.

....

b. the bathroom is in front of you. 화장실은 앞에 (앞으로 가면) 있습니다.

....

c. station is very near to the hotel. 역은 호텔에서 매우 가깝습니다.

....

3. How would you say if you want:
다음의 것들을 원할 때 표현을 말해보시오.

a. tea. 차.

....

b. coffee and two biscuits. 커피와 비스켓 2개.

....

c. towel. 수건.

....

d. Hot water. 뜨거운 물.

....

1.7 दिल्ली हवाई अड्डा

At the Air Port
공항에서

अफ़सर	आपका पासपोर्ट कहाँ है?
श्री ली	यह लीजिए।
अफ़सर	अपना सूटकेस खोलिए।
श्री ली	जी अच्छा। ये देखिए।
अफ़सर	ये क्या है?
श्री ली	ये मेरा केमरा है।
अफ़सर	बैग में क्या है?
श्री ली	कुछ किताबें हैं।
अफ़सर	बस ठीक है। शुक्रिया।

दूसरे यात्री से

अफ़सर	आप का सामान ?
कुमारी मोनिका	ये रहा।
अफ़सर	वह क्या है?
कुमारी मोनिका	यह मेरा कम्प्युटर है।
अफ़सर	ठीक है। जाईए। शुक्रिया।

dillī hawāi aDDā

aphasar	āpkā pāssporT kahāM hai? 압까 빠쓰뽀르뜨 꺼항 해?
shree lee	yah lijīe. 여허 리'지에
aphasar	apanā sutkes kholīe. 아쁘나 쑤뜨께쓰 콜리'에

Sshree lee	Jī, acchā! Ye dekhīe. 지 아차! 여허 데키에
aphasar	ye kyā hai? 예 꺄 해?
shree lee	yah merā kemerā hai. 여허 메라 께므라 해
aphasar	beg mẽ kyā haĩ? 베그 메 꺄 해?
shree lee	kucha kitābẽ haĩ. 꾸츠 끼따벵 행
aphasar	bas Thīk hai. Shukriyā. 바스 틱 해 슈끄리야

(dusare yātrī se)

	āpkā sāmān? 압까 싸만?
kumari monikā	ye rahā. 예 라하
aphasar	vo kyā hai? 워 꺄 해?
kumar imonikā	yah merā kamputar hai. 여허 메라 껌쀼떠르 해
aphasar	Thīk hai. Jāie. shukriyā. 틱 해 자이에 슈끄리야

Delhi Air-port

Port Officer	Where is your passport?
Mr. Lee	Here it is.
Officer	open your suitcase.
Mr. Lee	Okay, please see.
Officer	What is this?
Mr. Lee	This is my camera.
Officer	What is there in the bag?
Mr. Lee	There are some books.
Officer	Okay, thank you.

(To another passenger)

	Where is your baggage?
Ms. Monica	Here it is.
Officer	what is that?
Ms. Monica,	This is my computer.
Officer'	okay, please go, Thank you.

델리 공항

공항 공무원	당신의 여권은 어디 있나요?
이씨	여기 있습니다.
공무원	여행 가방을 열어주세요.
이씨	네 보세요
공무원	이것은 뭐죠?
이씨	이것은 내 카메라입니다.
공무원	그 가방에는 무엇이 들었죠?
이씨	책이 몇 권 있습니다.
공무원	좋아요. 감사합니다.

(다른 여행객)

공무원	당신 짐은 어디 있나요?
모니카	여기 있습니다.
공무원	그것은 뭐죠?
모니카	이것은 제 컴퓨터입니다.
공무원	됐어요. 가도 좋아요

※ Glossary

किताब kitāb 끼따브 (n.f.) book 책

यात्री yātrī 야뜨리 (n.f.) passenger 여행객

आपका āpakā 아빠까 (pn.m) yours 당신의 (것)

खोलना kholanā 코르나 (v.m) open 열다

देखना dekhanā 데크나 (v.m) look 보다

जाना jānā 자나 (v.m) go 가다

ये रहा ye rahā 예 라하 (m) here it is 여기 있습니다.

शुक्रिया shukriyā 슈끄리야 (m) thanks 고맙습니다.

Excercise 연습문제

1. Fill in the blanks with choosing the appropriate words from the bracket:
   괄호 안에 단어들 중 적절한 것을 골라 빈칸을 채우시오
   (किसका, मेरा, उसका, में, आपका , मेरी , आपकी),

   a. यह कैमेरा .... है?

   यह कैमरा .... है।

   b. क्या यह बैग .... है?

   नहीं यह बैग .... नहीं है।

   c. बैग .... क्या है?

   बैग .... पुस्तकें हैं।

2. Write equivalent words:
   다음에 해당하는 힌디 단어를 쓰시오.

air port. 공항 ....

passenger 여행객 ....

baggage 짐 ....

please open 열어주세요 ....

please see. 봐주세요 ....

1.8 उपयोगी वार्तालाप [upayogī vārtālāp] Useful conversation 실용회화

1.8.1 खरीदारी

shopping - 쇼핑

- इसका दाम क्या है ?

isakā dām kyā hai? 이스 까 담 꺄 해?

How much does it costs? 이거 얼마지요?

- क्या मैं अपना क्रेडिट कार्ड इस्तेमाल कर सकता हूँ ?

kyā maĩ apanā kreDiT kārD istemāl kar sakatā hūM?

꺄 맹 아쁘나 끄레디뜨 까르드 이스떼말 꺼르 싸끄따 훙?

Can I use my credit card? 제가 카드로 사용해도 될까요?

- क्या आप ट्रेवलर्स चेक स्वीकार करते हैं ?

kyā āp Trevealers cek svīkār karate haĩ?

꺄 압 뜨레왈라르스 쩨끄 스위까르 꺼르떼 행?

Do you accept travelers check? 여해자수표를 인정하시나요?

- दाम में कुछ कम करेंगे ?

dām mẽ kucha kam karenge? 담 맹 꾸츠 껌 꺼렝게?

can I have a discount? 좀 깎아주시겠어요?

- क्या आप कुछ डिसकाउंट देंगे?

kya āp kucha Diskaunt denge? 꺄 압 꾸츠 디스까운뜨 뎅게?

Can you give me some discount? 깎아 주시겠어요?

- कृपया इसे गिफ्ट पैक कर दीजिए।

kripayā ise gifT pek kar dījie. 끄리빠야 이쎄 기프뜨 빽 꺼르 디지에

Please gift pack this. 선물을 포장해 주세요.

1.8.2 होटल में [hoṭal mẽ]

In restaurant - 호텔(식당), 레스토랑에서

- कृपया एक गिलास पानी दीजिए।
  kripayā ek gilās pānī dījie. 끄리빠야 에끄 길라쓰 빠니 디지에
  Please, give me a glass of water. 물 한 컵만 주세요.

- कृपया कॉफी में चीनी कम डालना।
  kripayā kāfī mẽ cīnī kam Dālnā. 끄리빠야 까피 맹 찌니 껌 달르나
  Please, make the coffee with less sugar. 커피에 설탕 조금만 넣어줘.

- कुछ ठंडा / गरम है ?
  kucha ThaNDā/garam hai? 꾸츠 탄다 / 거럼 해?
  Do you have some thing cold/hot? 찬 것 / 따뜻한 것 있어요?

- क्या मैं सिगरेट पी सकता हूँ ?
  kyā maĩ sigareT pī sakatā hūM? 꺄 맹 씨가레뜨 삐 싸끄따 훙?
  May I smoke? 담배 피워도 되요?

- कृपया बिल बना दीजिए।
  kripayā bil banā dījie. 끄리빠야 빌 바나 디지에
  Please, bring me a receipt. 계산서 주세요.

1.8.3 सड़क पर [saRaka par]

On the street - 길거리에서

- मैं रास्ता भूल गया हूँ।
  maĩ rāstā bhūl gayā hūM. 맹 라스따 불 가야 훙
  I am lost. 난 길을 잃었다.

- इस समय मैं कहाँ हूँ ?
  isa samay maĩ kahāM hūM ? 이쓰 싸마에 맹 꺼항 훙?
  Where am I now? 여기 어디지?

- कृपया इस नक्शे पर दिखाइये।

kripayā, is nakashe par dhikhāie. 끄리빠야, 무제 이쓰 낙셰 빼르 디카이에

Please show on this map. 이 지도로 보여주세요.

- यह रास्ता कौनसा है ?

yah rāstā kaunsā hai? 예해 라스따 껀싸 해?

Which is this road? 이건 어떤 길이죠?

1.8.4 कहाँ है ? [kahāM hai]

Where is-? - 어디[장소]에 있나요?

- स्टेशन कहाँ है ?

steshan kahāM hai? 스떼션 꺼항 해?

Where is the station? 역이 어디지요?

- पर्यटक सूचना केंद्र कहाँ है ?

paryatak sūcanā kendra kahāM hai? 빠르야따끄 쑤쯔나 껜드러 꺼항 해?

Where is the tourist information center? 어디가 여행자 정보 센터지요?

- ड्यूटी फ्री दुकान कहाँ है ?

Dyutī frī dukān kahāM hai? 듀띠 프리 두깐 꺼항 해?

Where is the duty free shop? 면세점이 어디지요?

- प्रसाधन कक्ष कहाँ है ?

prasādhan kaksha kahāM hai? 쁘라싸단 꺽스 꺼항 해?

Where is the toilet? 화장실이 어디지요?

- अस्पताल कहाँ है ?

asptāl kahāM hai? 아스빠딸 꺼항 해?

Where is the hospital? 병원이 어딘가요?

- दवाइयों की दुकान कहाँ है ?

davāiyõ kī dukān khāM hai? 다와이용 끼 두깐 꺼항 해?

Where is the pharmacy? 약국이 어딘가요?

- बस स्टैंड कहाँ है ?
  bas steiND kahāM hai?
  Where is the bus-stand?
  버스 스뗀드 꺼항 해?
  버스 정류장이 어디지요?

- हवाई-अड्डा कहाँ है ?
  havāī-aDDā kahāM hai?
  Where is the airport?
  하와이 앗다 꺼항 해?
  공항이 어딘가요?

1.8.5 अस्पताल में [aspatāl mẽ]

At the hospital - 병원에서

- मेरा पेट खराब है।
  merā peT kharāb hai.
  My stomach is aching
  메라 뻬뜨 커랍 해
  저 배탈이 났어요.

- मेरे सिर में दर्द है।
  mere sir mẽ dard hai.
  My head is aching.
  메레 씨르 메 다르드 해
  머리가 아파요.

- मुझे बुखार है।
  mujhe bukhār hai.
  I have fever.
  무제 부카르 해
  저 열나요.

- मेरे पैरों में सूजन है।
  mere pairon mẽ sujan hai.
  My legs are swollen.
  메레 뻬롱 메 쑤잔 해
  발에 염증이 났어요.

- मुझे खाँसी है।
  mujhe khāMsī hai.
  I have cough.
  무제 캉씨 해
  기침이 나요.

- मुझे सरदी लगी है।
  mujhe saradī lagī hai.
  I have caught cold.
  무제 싸르디 러기 해
  감기에 걸렸어요.

- मुझे ज़ुकाम हुआ है।

mujhe zukām huā hai. — 무제 주깜 후아 해

I got a cold. — 감기에 걸렸어요.

- मेरा रक्तााप बढ़ गया है।

mera raktacāp baRha gayā hai. — 메라 락뜨짜쁘 바르 가야 해

My blood pressure has risen. — 나의 혈압이 올랐다.

- मुझे डाक्टर के पास ले चलो।

muhe Dāktar ke pās le calo. — 무제 닥떠르 께 빠스 레 짤로

Take me to the doctor. — 날 의사에게 데려다 주세요.

- मुझे कुछ दवाई दो।

mujhe kucha davāī do. — 무제 꾸츠 다와이 도

Give me some medicine. — 내게 약을 다오.

1.8.6 अध्ययन [adhyayan]

Study - 학과(공부)

- आज परीक्षा है।

āja paīkshā hai. — 아즈 뻐릭샤 해

Today is examination. — 오늘 시험이 있다.

- उसकी परीक्षा कब से है।

usakī paīkshā kab se hai? — 우쓰끼 뻐릭샤 껍 쎄 해

When does her examination begins? — 그(녀)의 시험은 언제부터야?

- प्रश्न बड़ा आसान है।

prashan baRā āsān hai. — 쁘라샨 바라 아싼 해

The question is very easy. — 문제가 굉장히 쉽다.

- मैं ज़रूर पास हो जाऊँगा।

maī jarur pās ho jaāūMgā. — 맹 저루르 빠쓰 호 자웅가

I will definitely pass. — 당연히 난 통과하지.

– इसका अर्थ क्या है।

isakā artha kyā hai? — 이쓰까 어르트 꺄 해

What does it mean? — 이 의미가 뭐지?

– आज मैं पढ़ न सका।

āja maī paRha na sakā. — 아즈 맹 빠르 나 싸까

I could not study today. — 오늘은 공부가 안된다.

– मैं इस साल एम. ए. हो जाऊँगी।

maī is sāl M.A, ho jāūMgī. — 맹 이쓰 쌀 엠 에 호 자웅기

I will pass M. A. this year. — 난 올해 석사과정을 통과 할 거야.

– हमने पढ़ाई पूरी की।

hamane paRhāī purī kī. — 함네 빠라이 뿌리 끼

We have completed our study. — 우린 공부를 마쳤다.

Part III

भाग तीसरा

chāhie,

mat, vālā kā prayoga
चाहिए, मत़, वाला का प्रयोग
aur
और
kucha mahtvapurna abhivyaktliyāM
कुछ महत्वपूर्ण अभिव्यक्तियाँ

1. प्रयोग अभिव्यक्तियाँ और जानकारियाँ

Usages, Important Expressions and Informalian

중요 표현과 어구의 사용

1.1 चाहिए मत् वाला का प्रयोग [cāhie, mat, vālā kā prayog] Use of cāhie, mat, vālā 의 쓰임

※ THE USE OF CĀHIE चाहिए

This is a very common verbal form with an old passive meaning 'is wished, is necessary'. It usually appears in constructions involving oblique case noun or pronoun +को (ko) and further nouns and pronouns only; or infinitive or subjunctive forms of verbs. The former express want, lack or need, the latter duty or advisability. There are also other ways of expressing these ideas, which are noted below, with the usages of चाहिए cāhie.

चाहिए는 원래 수동의 의미로 '~ 이 원하여지다, ~이 필요하다'라는 뜻으로 매우 일반적으로 쓰이는 표현이다. 이것은 일반적으로 후치사 को ko와 결합한 명사 또는 대명사가 주어일 때 , 동사가 부정사 또는 가정법의 형태일 때 쓰인다. 전자는 '소망, 부족, 필요 등'의 뜻으로 쓰이며 후자는 '의무, 권고 등'의 뜻으로 쓰인다. 밑에 문장에 쓰인 चाहिए의 쓰임을 참고한다.

※ Read the following sentences 다음 문장들을 읽고 연습하시오.

- आप को क्या चाहिए ।
  āp ko kyā cāhie — 압꼬 꺄 짜히에
  What do you want? — 무엇이 필요하세요?

- मुझे भारत जाना चाहिए ।
  mujhe bhārat jānā cāhie — 무제 바랏뜨 자나 짜히에
  I ought to go to India. — 인도에 가는 것이 좋겠어요.

- राम को किताब चाहिए ।

rām ko kitāb cāhie	람 꼬 끼땁 짜히에
Ram want book.	람은 책을 원한다.

- आप को हिन्दी सीखनी चाहिए ।

āp ko hindī sikhanī cāhie	압 꼬 힌디 씨크니 짜히에
You should learn Hindi.	힌디를 공부하시는 것이 좋겠어요.

- रोज पानी पीना चाहिए ।

roj pānī pinā cāhie	로즈 빠니 삐나 짜히에
Every day you must drink water.	매일 물을 마시는 것이 좋겠어요.

Note

*when चाहिए (cāhie) is used, the subject always takes को (ko)

- (cahie) is used with the infinitive to express necessity on obligation.
- The verb agrees with the object in number and gender.

*Some times the pural form of cāhie is also written as cāhie˜.But this is not universal. For example: *ram ko cār pustake˜ cāhie Here the plural form* has been taken as cāhie which can be interpreted as cāhie˜ by some users who use it that way.(K.P.Guru-p.258)

The verbal marker चाहिए (cāhie) is used in frequent indirect verb construction that has a number of distinct, albeit related senses. This is used to express need, want and desire.

चाहिए (cāhie)를 쓸 때 주어는 항상 후치사 को (ko)를 취한다.

- a चाहिए (cāhie)는 부정사 형태의 동사와 함께 쓰여 의무, 필요 등을 나타낸다.
- a 동사의 성, 수는 목적어에 일치한다.
  - 때때로 चाहिए는 복수일 때도 चाहिए로 똑같이 쓰지만 일반적이라고 볼 수는 없다. 예를 들어 राम को चार पुस्तकें चाहिए 문장을 보면 여기서는 쓰는 사람에 따라서 cāhie˜a로 쓸 수 도 있다.

(K.P.Guru-p.258)

चाहिए (cāhie)는 간접적인 동사 구조에서 빈번하게 쓰인다. 이것은 필요와, 원함, 소망을 나타낸다.

- उसको गरम पानी चाहिए।
  usako garam pānī cāhie — 우쓰꼬 거럼 빠니 짜히에
  He wants/ need hot water. — 그는 따뜻한 물이 필요하다.

- आप को क्या चाहिए ?
  āp ko kyā cāhie? — 압꼬 꺄 짜히에
  What do you want/ need? — 무엇이 필요하세요?

- माताजी को आप की मदद चाहिए।
  mātājī ko āp kī madad cāhie. — 마따지 꼬 압 끼 머더드 짜히에
  Mother need's your help. — 어머니는 당신의 도움이 필요합니다.

- सीता को किताब चाहिए।
  sitā ko kitāb cāhie. — 씨따 꼬 끼땁 짜히에
  Sita need's book — 씨따는 책이 필요하다.

- आप को कितने पैसे चाहिए।
  āp ko kitane paise cāhie? — 압 꼬 끼뜨네 빼쎄 짜히에
  How much money you required? — 얼마만큼의 돈이 필요하세요?

चाहिए (cāhie) also occurs in conjunction with simple past tense forms of होना (honā) to indicate a lack, desire and requirement, of some entity in the past. This होना (honā) element agrees in number and gender with the noun signifying items lacking and desired.

चाहिए (cāhie)는 또한 होना (honā) 동사의 단순 과거형과 결합하여 '과거에 부족했던 것에 대한 소망, 요구 등'을 나타낸다. 여기서 होना (honā) 동사는 '소망되고 요구되어지는 것'의 성, 수에 일치한다.

- उसको कुछ काम चाहिए।
  usako kucha kām cāhie. — 우쓰꼬 꾸츠 깜 짜히에
  He need's some work/job. — 그는 일이 필요하다.

– उनको क्या चाहिए।
unako kyā cāhie? 운꼬 꺄 짜히에
What they want/need? 그들은 무엇이 필요한가?

– आप को कुछ न कुछ करना चाहिए।
āp ko kucha na kucha karanā cāhie. 압꼬 꾸츠 나 꾸츠 까르나 짜히에
You ought to write something or other. 무언가 하시는 것이 좋겠어요.

– उसको अपने दोस्त के साथ आना चाहिए।
usako apne dost ke sātha ānā cāhie. 우쓰꼬 아쁘네 도스뜨 께 싸트 아나 짜히에
He/She ought to come with his friend. 그(녀)는 친구와 오는 것이 좋겠어요.

Nouns of non-personal references, however, are not often used with को (ko) in sentences containing intransitive infinitives. Such nouns are more usually used as subject of चाहिए (cāhie) in sentences which do not contain any noun or pronoun + को (ko), and infinitives are in adjectival concord with them.

동사가 자동사인 문장에서 주어로 오는 명사는 인칭대명사 또는 사람을 나타내는 명사가 아닌 일반 명사인 경우로 후치사 को (ko)와 결합하지 않는 경우가 많다. 특히 주어가 대명사 + को (ko) 형이 아닌 경우 चाहिए (cāhie) 구문에서 일반 명사들이 주어로 쓰이며 이때 부정사(동사)는 주어에 일치한다.

– क्या हिन्दी राष्ट्रभाषा होनी चाहिए।
kyā hindī rashtrabhāshā honī cāhie? 꺄 힌디 라스뜨러바샤 호니 짜히에
Should Hindi be the National Language? 힌디가 표준어가 되는 것이 좋을까요?

– यह चीज हमेशा यही रहनी चाहिए।
yah cīj hameshā yahī rahanī cāhie. 여허 찌즈 하메샤 여히 레흐니 짜히에
This thing should always remain here. 이것은 항상 이러하는 것이 좋겠어요.

An alternative construction shows चाहिए (cāhie) linked by conjunction कि (ki) to a following subject noun or pronoun and verb in the subjunctive,

- आपको चाहिए कि आप यहाँ रहें।

āpko cāhie ki āp yahāM rahẽ.	압꼬 짜히에 끼 압 야항 라헹
You ought to stay here.	여기에 머무시는 것이 좋겠어요.

- आपको चाहिए कि आप हिन्दी सीख लें।

āpko cāhie ki āp hindī sīkha lẽ.	압꼬 짜히에 끼 압 힌디 씨크 렝
You ought to learn Hindi.	힌디를 배우시는 것이 좋겠어요.

The verbal construction can, like the nominal, be used in the imperfective past tense. Note its special implication.

- मुझे दिल्ली जाना चाहिए था।

mujhe dillī jānā cāhie thā	무제 딜리 자나 짜히에 타
I should have gone to Delhi.	난 델리에 가는 것이 좋을 뻔했다.

- उसको ऐसा नहीं करना चाहिए था।

usako aisā nahī karanā cāhie thā.	우쓰 꼬 애싸 내힝 까르나 짜히에 타
He should not have done this.	그는 이렇게 하지 않는 것이 좋을 뻔했다.

- राम को कपड़े लाने चाहिए थे।

rām ko kapaRe lāne cāhie the.	람 꼬 꺼쁘레 라네 짜히에
Ram should have brought cloths	람은 옷을 가져오는 것이 좋을 뻔했다.

- आपको वे पुस्तकें खरीदनी चाहिए थीं।

āpko vah pustakẽ kharīdanī cāhie thī˜.

압꼬 웨 뿌스떠껭 카리드니 짜히에 팅

You should have bought those books.

당신은 그 책들을 사는 것이 좋을 뻔했어요.

- सीता को सब्जी लानी चाहिए थी।

sītā ko sabjī lānī cāhie thī.	씨따 꼬 써브지 라니 짜히에 티
Sita should have brought vegetables	씨따는 야채를 가져오는 것이 좋을 뻔했다.

The imperative reference of था (thā) stresses the fact that obligation continued over a period, and implies rather that it was not met than that it kept recurring.

여기서 था (thā)의 미완료 언급은 어떤 의무가 일정 기간 동안 계속 되어왔다는 사실을 강조하면서 그 의무가 아직 이루어지지 않았다는 것을 암시한다.

※ अभ्यास [abhyās] (Practice) - 연습

- मुझे कपड़े चाहिए।

mujhe kapaRe cāhie — 무제 꺼쁘레 짜히에

I want/ need cloths — 옷이 필요합니다.

- उसे पैसे चाहिए।

use paise cāhie — 우쎄 빼세 짜히에

He/She want/needs money. — 그(녀)에겐 돈이 필요합니다.

- हमें वे खिलौने चाहिए।

hamẽ ve khiloune cāhie — 하멩 웨 킬러네 짜히에

We want/need those toys. — 우린 그 장난감들이 필요하다.

- आपको पुस्तकें खरीदनी चाहिए।

āpko pustakẽ kharīdanī cāhie — 압 꼬 뿌스따껭 커리드니 짜히에

You ought to buy books — 책을 사시는 것이 좋을 듯합니다.

- उनको अब घर जाना चाहिए।

unako ab ghar jānā cāhie — 운꼬 아브 거르 자나 짜히에

They ought to go home now — 그들은 지금 집에 가는 것이 좋겠습니다.

- कार्यक्रम अब प्रारंभ करना चाहिए।

karyakram ab prārambha karanā cāhie — 까르여끄람 어브 쁘라랑브 까르나 짜히에

They ought to start the programme now — 프로그램을 시작하는 게 좋겠다.

- उसको रोटी बनानी चाहिए।

usako roTī banānī cāhie — 우스꼬 로띠 버나니 짜히에

He/she ought to make bread. — 그(녀)는 빵을 만드는 게 좋겠다.

- पिताजी को अबतक आना चाहिए था।

pitājī ko abatak ānā cāhie thā — 삐따지 꼬 어브따끄 아나 짜히에 타

Father should have come by now. — 아버지가 지금까지는 오셔야 했었다.

- गीता को मंच पर जाना चाहिए था।

gītā ko mancha par jānā cāhie thā. — 기따꼬 만쯔 뻐르 자나 짜히에 타

gita ought to have gone onto the stage. — 기따는 무대 위로 가야 했다.

– नौकर को कमरा साफ़ करना चाहिए था।
naukar ko kamarā sāf karanā cāhie thā
너꺼르 꼬 꺼므라 사프 꺼르나 짜히에 타
The servant should have got the room cleaned. 하인은 방을 청소해야 했다.

Excercise 연습문제

1. Fill in the blanks with the appropriate form of the words given in the brackets:
   괄호 안에 주어진 단어를 적절한 형태로 바꿔서 빈칸을 채우시오.

   Model: अब .... आराम करन चाहिए। (आप)
   अब आपको आराम करना चाहिए।

   a. .... गाँव में मकान बनाना चाहिए। (हम)
   b. .... अखबार पढ़ना चाहिए। (वह)
   c. .... जल्दी ऊठना चाहिए। (तुम)
   d. .... सुबह दो मिल पैदल चलना चाहिए (वे)
   f. अब .... नाश्ता करना चाहिए। (आपका मित्र)

2. Transform the following sentences on the patteren of the model. In the transformed sentence the verb should agree with object.
   다음 주어진 문장들을 보기와 같이 힌디로 바꾸시오. 바꾼 문장에서 동사는 반드시 목적어에 일치해야 합니다.

   Model: तुम यहाँ सिगरेट मत पीओ।
   तुम्हें यहाँ सिगरेट नहीं पीनी चाहिए।

a. तुम चिंता (f) मत करो। ....

b. तुम शराब (f) मत पीओ। ....

c. तुम यह बात (f) उसे मत बताओ। ....

d. तुम सामान (m) मत उठाओ। ....

f. तुम झुठ(m) मत बोलो। ....

※ मत का प्रयोग The use of मत (mat)의 쓰임

The word मत (mat) is used in Hindi to indicate the negative sense. This is commonly used with the verb of interrogative.

मत (mat)는 부정문에서 쓰인다. 동사는 일반적으로 명령형이다.

Example.

Positive 긍정문	तुम खाओ tum khāo 뚬 카-오	you eat. (너) 먹어라
Negative 부정문	तुम मत खाओ tum mat khāo 뚬 머뜨 카-오	you don't eat. (너) 먹지 마라
Positive 긍정문	तुम बोलो tum bolo 뚬 볼로	you speak 말해라
Negative 부정문	तुम मत बोलो Tum mat bolo 뚬 머뜨 볼로	You don't speak. 말하지 마라
Positive 긍정문	आप लिखिए āp likhie 압 리'키에	You write. (당신) 써주세요.
Negative 부정문	आप मत लिखिए āp mat likhie 압 머뜨 리'키에	You don't write. (당신) 쓰지 마세요.

※ वाक्य [vākya] (Sentences)

तुम यह काम मत करो।	आप वहाँ मत बैठिए यहाँ बैठिए।
tum yah kām mat karo. 뚬 예흐 깜 머뜨 까로 You don't do this work. 이 일을 하지 마라.	āp vahāM, mat baiThie. 압 워항 머뜨 배티에, 여항 배티에 please don't sit there, sit here. 여기 앉지 마세요. 저기 앉으세요.
वहाँ मत जाओ।	**आप घर मत जाइए।**
vahāM mat jāo. 워항 머뜨 자-오 Do not go there. 거기 가지 마라.	āp ghar mat jāie. 압 거르 머뜨 자-이에 Please don't go home. 집에 가지 마세요.

※ वार्तालाप [vārtālāp] (Conversation)

नौकर naukara
मालकिन मैं अन्दर आऊँ ?
mālkin maĩ andar āūM?
말낀 맹 언다르 아웅?

मालकिन mālkina
हाँ आओ।
hāM āo.
항 아오

नौकर naukara
ये कपड़े मेज़ पर रखूँ ?
ye kapRe, mez par rakhūM?
예 꺼쁘레 메즈 뻐르 러쿵?

मालकिन mālkina
मेज़ पर मत रखो, अलमारी में रखो।
mez par mat rakho, almārī mẽ rakho,
메즈 빠르 마뜨 라코. 알마리 메 라코.

नौकर naukara
जी ठीक है। मैं आप की कोइ मदद कर सकता हूँ ?
jī Thīk hai. maĩ āpkī koi madad kar sakatā hūM?
지 틱 해, 맹 압끼 꼬이 머더드 꺼르 싸끄따 훙?

मालकिन mālkina
नहीं, मुझे तुम्हारी मदद नहीं चाहिए। जाओ मुझे तंग मत करो।
nahĩ, mujhe tumhārī madad nahĩ cāhie. jāo. mujhe tang mat karo,
내힝, 무제 뚬하리 마다드 내힝 짜히에. 자오 무제 떵그 머뜨 까로.

नौकर naukara	ठीक है। Thīk hai. 틱 해.
मालकिन mālkina	सुनो, मैं अभी बहुत व्यस्त हूँ किसी को भी अन्दर मत भेजो। suno, maĩ abhī bahut vyasta hūM, kisī ko bhī andar mat bhejo 수노, 맹 아비 버훗 뱌스뜨 훙 끼씨 꼬 비 언다르 머뜨 베조.
नौकर naukara	ठीक है। जी नहीं भेजूँगा नमस्ते। Thīk hai. jī. nahĩ bhejūMgā, namste. 틱 해. 지 내힝 베중가. 나마스떼.

Servant	Madam, may I come in?
Madam	Yes, come in.
Servant	Should I keep these clothes on the table?
Madam	Do not keep them on the table, keep them in the cupboard.
Servant	Alright ,can I be of help in any way?
Madam	No, I do not need any help, go. Do not disturb me.
Servant	All right.
Madam	Listen, I am very busy. Do not send any one inside.
Servant	All right madam, I will not. Thank you.

Excercise 연습문제

1. Translate 번역하시오.

Don't go. 가지 마라 ....

Don't come. 오지 마라 ....

Don't do. 하지 마라 ....

Don't cry. 울지 마라 ....

Don't run. 뛰지 마라 ....

Don't shout. 소리치지 마라 ....

Don't beat. 때리지 마라 ....

2. Translate the following sentences. 다음 문장들을 힌디로 바꾸시오.

a. Please do not keep this paper on the table.

부디 이 종이를 책상 위에 놓지 마세요.

....

b. Please do not enter in the room.

부디 그 방에 들어가지 마세요.

....

c. Do not take him with you.

그를 데려가지 마라.

....

d. Do not put on the Television.

텔레비전 위에 놓지 마라.

....

※ वाला का प्रयोग [vālā kā prayog] (The use of वाला (vālā)) वाला 의 용법

The suffix वाला (vālā) frequently used in Hindi to denote various things with different kind of word's, generally, it is used in association with nouns, adjectives, adverbs and oblique form of the infinitive.

It is an adjectival suffix and hence is subject to change like any other adjective following the rules pertaining to अ(a) ए(e) इ(i) for masculine (sin/ pl.) and feminine (sin/pl) respectively.

접미사 वाला (vālā)는 다양한 단어들, 일반적으로 명사, 형용사, 부사와 부정사의 사격형과 결합하여 다양한 사물을 지칭하는데 쓰인다. 이것은 형용사형 접미사로 그 끝이 형용사와 같이 남성(단/복수)와 여성(단/복수)에 따라 각각 अ(a) ए(e) इ(i)로 변하는 규칙을 따른다.

I. Modified infinitive + वाला(vālā) can be used to convey two things.

I. 부정사의 사격형 +वाला (vālā)의 경우 두 가지 의미를 내포한다.

1. It is equivalent to english suffix "er" the one who does the activity

첫 번째 경우 영어의 접미사 "er"과 마찬가지로 동사 뒤에 붙어 그 동사의 행위를 하는 '행위자'를 나타낸다.

eg,

बोलनेवाला	कहनेवाला	पढ़नेवाला	गानेवाला	लिखनेवाला
bolanevālā	kahanevālā	paRhanevālā	gānevālā	likhanevālā
speaker	speaker	reader	singer	writer
말하는 이	이야기하는 이	읽는 이	노래하는 이	글쓰는 이

2. It is used to convey thing that is about to / expected to happen.

두 번째 경우 '가까운 미래 또는 곧 일어날 일'을 뜻한다.

eg,

आनेवाला	जानेवाला	बोलनेवाला	सोनेवाला
ānevālā	jānevālā	bolnevālā	sonevālā
about to come	about to go	about to speak	about to sleep
곧 올	곧 갈	곧 말할	곧 잠잘

II. वाला (vala) suffix is often used to form different nouns or modifiers.
Noun + वाला vālā indicates

II. 다음은 접미사 명사 또는 다른 수식어구와 결합하는 쓰임이다.
명사 + वाला vālā는 다음의 뜻을 나타낸다.

1) Proprietorship (Noun) - 소유 (명사)

मकानवाला	पैसेवाला	गाड़ीवाला	दुकानवाला
makānavālā	paisevālā	gāRīvālā	dukānavālā
house owner 집 주인	wealthy man 부자(돈을 소유한 사람)	cart man 운전사, 차주인	shopkeeper 가게 주인

2) Cost of value (Modifier) - 가격의 가치 (수식어구)

दस पैसेवाला टिकट	पचास रूपएवाला शर्ट
das paisevālā TikaTa	pacās rupaie vālā sharTa
A ticket that cost ten paisa 10 파이사 짜리 티켓	A shirt that cost of fifty rupees. 50루삐 짜리 셔츠.

3) Mode of some thing (modifier) - 재질의 형태 (수식어구)

पत्थरोंवाली इमारत	इटोंवाला घर
patharõvālī imārat	iTõvālā ghar
a stone building 돌로 지은 빌딩	a house of bricks 벽돌(로 지은) 집

4) Seller of an article (Noun) - 판매하는 사람 (Noun 명사)

फलवाला	फूलवाला	दूधवाला	अंडेवाला
phalvālā	phūlvālā	dhūdhvālā	aNDevālā
fruit seller 과일 상인	flower seller 꽃 상인	milk seller 우유 상인	egg seller 계란 상인

5) Driver of vehicles (Noun) - 운송수단의 운전자 (명사)

रिक्शेवाला	कारवाला
rikshevālā	karvālā
he who drives an auto rickshaw 릭샤를 끄는 사람	he who drives a car 자동차 운전수
साइकिलवाला	**ट्रकवाला**
saikilvālā	Trakvālā
he who drives the bicycle 자전거를 타는 사람	he who drives a truck 트럭 운전수

6) Wearer of Dress (Noun) - 옷을 입은 사람 (명사)

काले कोट वाला	पगड़ी वाला
kāle koTa vālā	pagRīvālā
he who is wearing a black coat	he who is wearing a turban
블랙 코트를 입은 사람	터번을 쓴 사람
साड़ी वाली	**टोपी वाला**
sāRīvālī	Topīvālā
she who is wearing a sari	he who is wearing a cap
사리를 입은 여자	모자를 쓴 사람

III. Demonstrative Nouns + **वाला** (vālā)

III. 지시대명사 + **वाला** (vālā)

यहवाला	वहवाला
yahvālā	vahvālā
this one	that one
이것	저것

to single out one in a group. Eg.

집단에서 특정한 하나를 지칭할 때.

कालावाला स्वेटर	सफ़ेदवाली स्कर्ट
kālāvālā sweTer	safedavālī skarT
Black sweater	white skirt
(스웨터 중에) 검은 스웨터	(치마 중에) 하얀 치마

When added to adverb or the name of a place it indicates position or resident

장소나 위치를 나타내는 지명 또는 부사를 더할 때.

नीचेवाला घर	उपरवाला कमरा	दिल्लीवाला आदमी
nīcevālā ghar	uparvālā kamarā	dillīvālā ādamī
house on the floor below	room upstair	man from Delhi
아래 집	위층 방.	델리에 사는 사람.

※ Reading practice-읽기 연습

- कौनसी शर्ट पहनूँ सफ़ेदवाली या नीलीवाली ?
  kaunsī sharT pahanūM safedvālī yā nīlīvālī?
  껀씨 샤르뜨 빼해눙 사페드왈리ˡ 야 닐리왈리
  Which skirt shall I wear, white one or blue one?
  하얀색 아님 파란색, 어느 색 스커트 입을까?

- सफ़ेदवाली पहनो।
  Safedvālī pahanõ. 사페드왈리ˡ 빼흐노
  Wear white one. 흰색

- कौनसी गाड़ी लाऊँ भूरी या लालवाली ?
  Kaunsī gāRī lāūM, bhūrī yā lālvālī? 껀씨 가리 라웅 부리 야 랄왈리ˡ
  Which vehicle shall I bring, brown or red?
  어떤 차를 가져올까, 갈색 아니면 빨간색?

- लालवाली लाना।
  lālvālī lānā. 랄ˡ왈리ˡ 라나
  Bring red one. 빨간색 가져와라.

- कौनसी कलम दूँ बड़ीवाली या छोटीवाली ?
  Kaunsī kalam dūM, baRīvālī yā choTīvālī?
  껀씨 껄럼ˡ 둥 바리왈리ˡ 야 초띠왈리ˡ
  Which pen shall I give? Big or small one? 어떤 펜 줄까? 큰 거 작은 거?

- बड़ीवाली देना।
  baRīvālī denā. 바리왈리ˡ 데나
  Big one. 큰 거.

Excercise 연습문제

1. Transform the sentences as per the model.
   문장들을 보기와 같이 바꾸시오.

Model: राजधानी एक्सप्रेस दो नंबर पर आयेगी।
राजधानी एक्सप्रेस दो नंबर पर आनेवाली है।

a. भाई साहब अभी लौटेंगे।

....

b. गाड़ी कितने बजे छुटेंगी?

....

c. तुम कितने बजे आओगे?

....

d. तुम कोरिया में कहाँ ठहरोगे?

....

f. पिताजी अभी घर से निकलेंगे।

....

1.2 क्रिया और काल [kriyā aur kāla] Verbs and Tenses 동사와 시제

※ वर्तमान काल [vartmān kāl] (Present Tense) - 현재 시제

I. First Person - 1인칭

Singular	Plural
मैं लिखता / लिखती हूँ।	हम लिखते / लिखती हैं।
maĩ likhatā / likhatī hūM.	ham likhate / likhatī haĩ.
I write.	We write.
나는 쓴다.	우리는 쓴다.

II. Second PERSON - 2인칭

तु लिखता / लिखती है।	तुम लिखते / लिखती हो।
tu likhatā / likhatī hai.	tum likhate / likhatī ho.
You write.	You write.
너는 쓴다.	너희(너)는 쓴다
	आप लिखते / लिखती हैं।
	āp likhate / likhatī haĩ.
	You write.
	당신은 씁니다.

III. Third person - 3인칭

यह / वह लिखता / लिखती है।	ये / वे लिखते / लिखती हैं।
yah / vah likhatā / likhatī hai.	ye / ve likhate / likhatī haĩ.
He / she writes.	They write.
그 / 그녀는 쓴다.	그들은 쓴다.

Note

The present tense is formed by adding ता (tā) to the verb root: लिख (likha) +ता (tā) = लिखता; कह (kah) + ता(tā)= कहता etc. in masculine singular and ते (te) in masculine plural.

현재 시제는 동사의 어근에 ता (tā)를 붙인다. लिख (likh) +ता(tā) = लिखता; कह (kah) + ता(tā) = कहता 등. ता (tā)는 주어가 남성 단수일 때 ते (te)는 남성 복수일 때 붙인다.

e.g. लिख (likha) +ते (te) = लिखते।

The ते (te) is also be added to the roots to form the second person singular and plural. In the feminine singular and plural ती (tī) will be added to the roots.

ते (te)는 2인칭 단수와 복수일 때도 마찬가지로 쓴다. 여성 단수와 복수에는 ती (tī)가 동사의 어근에 붙는다.

हूँ (hūM) follows the main verb in the cases of I person singular मैं (maĩ) as in मैं जाता हूँ (maĩ jātā hūM); मैं गाता हूँ (maĩ gātā hūM).

हूँ (hūṁ)은 주어가 मैं (māi)일 경우 즉, 1인칭일 때 본 동사 뒤에 따라온다. 다음 मैं जाता हूँ (māi jātā hūṁ); मैं गाता हूँ (māi gātā hūṁ)과 같이 쓸 수 있다.

हो (ho) follows along the main verb for the II person तुम (tum) as in:

हो (ho)는 주어가 तुम (tum)일 때 본동사 뒤에 따라온다. 예문을 보면:

तुम जाते हो (tum jāte ho); तुम गाते हो (tum gāte ho); तुम खेलते हो (tum khelate ho)

For other singulars है (hai) and for all plurals हैं (haĩ) follows themain verb as in:

है (hai) an는 여타 모든 단수 주어일 경우에 हैं (haiṁe) fo는 복수 주어일 경우에 본 동사 뒤에 따라온다.

예문

यह जाता है।	ये जाते हैं।
yah jātā hai. He goes. 이 사람은 간다.	ye jāte haĩ They go. 이 사람들은 간다.
मैं जाता हूँ।	**हम जाते हैं।**
maĩ jātā hūM. I go. 나는 간다.	ham jāte haĩ. We go. 우리는 간다.

※ Read the following sentences - **다음 문장들을 읽으시오.**

- मैं हिन्दी सीखता हूँ।
  maĩ hindi sīkhatā hūM
  I learn Hindi.
  맹 힌디 시크따 훙
  나는 힌디를 배운다.

- हम स्कूल जाते हैं।
  ham skūl jāte haĩ
  We go to school.
  함 스꿀 자떼 행
  우리는 학교에 다닌다.

- गीता गीत गाती है।
  gītā gīt gātī hai.
  Geeta sings a song.
  기따 기뜨 가띠 해
  기따가 노래를 부른다.

- तुम क्या करते हो ?
  tum kyā karate ho?
  What do you do?
  뚬 꺄 꺼르떼 호?
  너 뭐하니?

- यह / वह विद्यार्थी है।
  yah / vah vidhyārthī hai.
  He / she is a student.
  여허/워허 위디야르티 해
  그(녀)는 학생이다.

- ये / वे अंग्रेज़ी पढ़ते हैं।
  ye / ve angrezī paRhate haĩ.
  They learn / study English.
  예/웨 언그레지 빠르떼 행
  그들은 영어를 공부한다.

- आप कहाँ जाते हैं ?
  āp kahāM jāte haĩ.
  Where do you go?
  압 꺼항 자떼 행?
  어디 가시나요?

Excercise 연습문제

1. Fill in the blanks with appropriate Present tense forms of the following verbs. (The verb form should agree with the number, gender and person of the subject.).
다음 주어진 동사들의 적절한 현재 시제형으로 빈칸을 채우시오.(동사형은 반드시 주어의 성, 수, 인칭에 일치하여야 합니다)

उठ	जा
खेल	पी
पढ़	सो

Model: मोहन दस बजे कॉलेज .... है।
मोहन दस बजे कॉलेज जाता है।

a. रमेश शाम को मैदान में .... ।

b. मैं हिंदी अखबार .... ।

c. गीता रात को दस बजे .... ।

d. तुम सुबह कितने बजे .... ।

e. क्या आप रात को शराब .... ।

※ भविष्यत काल [bhavishyat kāl] (Future Tense) - 미래 시제

मैं लिखूँगा / लिखूँगी।	हम लिखेंगे / लिखेंगी।
maĩ likhūMgā / likhūMgī	ham likhenge / likhengī,
I shall write.	We shall write.
나는 쓸 것이다.	우리는 쓸 것이다.

तु लिखेगा / लिखेगी ।	तुम लिखोगे / लिखोगी ।
tu likhegā / likhegī You will write. 너는 쓸 것이다.	tum likhoge / likhogī You will write. 너희들(너)은 쓸 것이다.
	आप लिखेंगे / लिखेंगी ।
	āp likhenge / likhengī You will write. 당신은 쓸 것입니다.

यह वह लिखेगा / लिखेगी ।	ये वे लिखेंगे / लिखेंगी ।
yah / vah likhegā /likhegī He / she will write. 그/그녀는 쓸 것이다.	ye / ve likhenge / likhengī They will write. 그들은 쓸 것이다.

Note

The future tense is formed in masculine by adding एगा (iegā) to the verb root; in singular and by एंगे (ienge) to the plural. ऊँगा (ūMgā) and ओगे (oge) are added for मैं (maĩ) and तुम (tum) respectively. When the subject is feminine, the final गा (gā) and गे (ge) change into गी (gī).

미래 시제는 주어가 남성 단수일 경우에는 동사의 어근에 एगा (iegā)를 붙여서 만든다. and by to 그리고 남성 복수일 때는 एंगे (iẽge)를 붙이고 주어가 मैं와 तुम (tum)일 때는 각각 ऊँगा (ūṁYgā)와 ओगे (oge)를 붙인다.주어가 여성일 경우에는 각각 마지막의 गा *(gār)*와 गे *(ge)*를 गी *(gīY)*로 바꿔서 붙이면 된다.

※ Read the following sentences - **다음의 문장들을 읽으시오.**

– कल मैं दिल्ली जाऊँगा ।

kal maĩ dillī jāūMgā — 껄 맹 딜리 자웅가

Tomorrow I shall go to Delhi. — 내일 델리에 갈 거다.

- हम आज पहाड़ पर जाऐंगे।
  ham āja pahāRa par jāienge. 함 아즈 빠하르 빠르 자엥게
  Today we shall go to mountain. 우린 오늘 산에 오를 거다.

- तू नहीं जाएगी ?
  tū nahĩ jāiegī? 뚜 내힝 자에기?
  Will you not go? 넌 안 갈 거니?

- तुम कल क्या करोगे ?
  tum kal kyā karoge? 뚬 껄 꺄 꺼로게?
  What will you do tomorrow? 너 내일 뭐 할 거니?

- क्या यह / वह मुझ से मिलने आएगा ?
  kyā yah / vah mujhase milane āyegā ? 꺄 여허/워허 무즈쎄 밀르네 아에가?
  Will he /she would come to meet me? 그(녀)는 날 만나러 올까?

- ये / वे कल आऐंगे।
  ye / ve kal āienge. 예 / 웨 깔 아엥게
  They will come tomorrow. 그들은 내일 올 거다.

Excercise 연습문제

1. Transform the following sentences according to the model:
   다음의 문장들을 보기와 같이 바꾸시오:

   Model: वह चाय पीता है।
   वह चाय पीयेगा।

   a. वह रेडियो सुनता है।

   ....

   b. हम अखबार पढ़ती हैं।

   ....

c. मैं मेदान मैं खेलता हूँ।

....

d. बालक हँसता है।

....

e. लड़का फिल्म देखता है।

....

※ भूत काल [bhūt kāl] (Past Tense) - 과거 시제

Intransitive Verb - 자동사

- कल मैं सिउल में था।
  kal maĩ siul mẽ thā. — 껄 맹 시울 메 타
  I was at Seoul yesterday. — 난 어제 서울에 있었다.

- हम खेल रहे थे।
  hum khel rahe the. — 함 켈 러헤 테
  We were playing. — 우린 놀고 있었다.

- उमा प्यासी थी।
  uma pyāsī thī. — 우마 삐아씨 티
  Uma was thirsty. — 우마는 목이 말랐다.

- तुम भारत में कितने दिन थे।
  tum bhārat mẽ kitane din the? — 뚬 바랏뜨 메 끼드네 딘 테?
  How many days you were in India. — 넌 인도에 며칠 있었니?

- यह / वह गया / गई।
  yah / vah gaya / gaī — 예해/워허 가야/이
  He / she went. — 그(녀)는 갔다

- ये / वे परसों कहाँ थे ?
  ye / ve parasõ kahāM the? — 예/웨 빠르쏭 까항 테?
  Where were they the day before yesterday? — 그제 그들은 어디 있었지?

– आप कल क्या कर रहे थे / रही थीं ?
āp kal kyā kar rahe the / rahī thī̃? 아 깔 꺄 까르 라헤 테/라히 틴?
What you were doing yesterday? 어제 뭐하고 계셨나요?

Note

The past tense is formed by adding अ (a) or या (yā) to the verb root. आ (ā) is added when a verb ends in अ (a)

과거 시제는 동사의 어근에 अ (a) 또는 या (yā)를 붙여서 만든다. आ (ā)는 동사가 अ (a)로 끝나는 경우에 붙인다.

eg.

पढ़	पढ़ा
paRha	paRhā
लिख	लिखा
likha	likhā
रुक	रुका
ruk	rukā
गा	गाया
gā	gāyā
सो	सोया
so	soyā
दे	दिया
de	diyā
जा	गया
jā	gayā

आ (ā) and या (yā) change according to the number and gender.

आ (ā)와 या (yā)는 성, 수에 따라서 변화한다.

मैंने खाया	हमने खाया
maĩne khāyā I ate. 나는 먹었다.	hamne khāyā We ate 우리는 먹었다.
तुने खाया	**तुमने खाया**
tune khāyā You ate 너는 먹었다.	tumne khāya you ate. 너희들(너)은 먹었다.
	आपने खाया
	āpane khāyā You ate, 당신은 먹었다
इसने / उसने खाया	**इन्होंने / उन्होंने खाया**
isane / usane khāyā He/she ate, 그/그녀는 먹었다.	inhõne / unhõne khāyā they ate. 이들 / 그들은 먹었다.

- रामने रोटी खायी।
  rāmne roTī khāī,
  Ram ate bread.
  람네 로띠 카이
  람이 빵을 먹었다.

- सीता ने फल खाया।
  sitā ne phal khāyā.
  Sita ate fruit.
  시따네 팔 카야
  시따가 과일을 먹었다.

- तूने कहानी सुनी ?
  tune kahānī sunī?
  Did you listen to the story?
  뚜네 꺼하니 수니?
  넌 이야기 들었니?

- तुमने गीत गाया ?
  tumane gīt gāyā?
  Did you sing asong?
  뚬네 기뜨 가야?
  너 노래 불렀니?

- उसने मुझे बुलाया।
  usane mujhe bulāyā
  He /she called me.
  우스네 무제 불라야
  그(녀)는 나를 불렀다.

– उन्होंने काम किया।
unhõne kam kiyā.
They did the work.

운홍네 깜 끼야
그들은 일을 했다.

– आपने कॉफ़ी क्यों नहीं पी ?
āpne kofī kyõ nahī̃ pī?
Why did you not drink coffee?

아쁘네 꺼피 꾱 내힝 삐?
왜 커피 안 드셨어요?

– हमने आपसे कहा था।
hamane āpse kahā thā.
We told you.

함네 압쎄 꺼하 타
우린 당신께 말했어요.

Note

1) The subject of transitive verb in the past tense is always follwed by ने (ne).

과거 시제에서 타동사의 주어에는 ने (ne)가 붙는다.

Eg.

मैंने खाया।	उसने खाया।	आपने कहा।
maĩne khāyā	usane khāyā	āpne kahā
I ate,	He / she ate	you told.
나는 먹었다.	그/그녀는 먹었다.	너는 말했다.

2) A transitive verb in the past tense agrees with the object in number and gender.

과거 시제에서 타동사는 목적어의 성과 수에 일치한다.

Eg.

लड़के ने एक गीत गाया।	लड़के ने चार गीत गाये।
laRake ne ek gīt gāyā.	laRake ne cār gīt gāye
A boy sang a song.	A boy sang four songs,
소년은 노래 한 곡을 불렀다.	소년은 노래 네 곡을 불렀다.
सीता ने एक पत्र लिखा।	**सुमन ने एक रोटी खाई।**
sītā ne ek patra likhā	suman ne ek roTī khaī.
Sita wrote a letter.	Suman ate one chapati.
시따는 편지를 썼다.	쑤만은 빵을 한 조각 먹었다.
शीला ने चार रोटियाँ खायीं।	
shīlā ne cār rotiyāM khāyī˜.	
Shila ate four chapatis.	
실라는 빵을 네 조각 먹었다.	

3) When the object is not indicated and when the object is followed by को (ko) the transitive verb always remains in the masculine singular.

목적어가 명시되지 않았거나 목적어 뒤에 후치사 को (ko)가 붙었을 경우에 타동사는 항상 남성 단수형으로 남는다.

मैंने खाया।	मैंने गाय देखी।	मैंने गाय को देखा।
maĩne khāyā	maĩne gāy dekhī	maĩne gāy ko dekhā
I ate.	I saw a cow.	I saw (to) a cow.

Excercise 연습문제

1. Transform the following sentences in to simple past tense as per the model.
다음의 문장들을 보기와 같이 단순 과거 시제로 바꾸시오.

Model: वह रोज़ चार बजे आता है।
लेकिन आज वह चार बजे नहीं आया।

a. मीना हमेशा अशोका होटल में ठहरती है।

लेकिन इस बार वह .... ।

b. चैनै जाने वाली गाडी रात को आठ बजे छुटती है।

लेकिन आज वह .... ।

c. पिताजी रोज सात बजे आते हैं।पर आज वे .... ।

d. नौकर रोज समय पर नहीं आता।पर आज वह .... ।

e. अशोक अक्सर मुझे स्टेशन पर मिलता है।

पर आज वह .... ।

※ आस्सनभूत और पूर्णभूत [āssanbhūt aur purna bhūt]

Present Perfect and Past Perfect. - **현재 완료와 과거완료 시제**

Present perfect tense - **현재 완료**

- राम यहाँ आया है।
  rām yahāM āyā hai. — 람 야항 아야 해
  Ram has come here. — 람이 여기 왔다.

- मैंने दिल्ली देखी है।
  maĩne dillī dekhī hai. — 맹네 딜리 데키 티
  I have seen Delhi — 난 델리를 봤다.

- वह कालेज में चार साल पढ़ा है।
  vah kālej mẽ cār sāl paRhā hai. — 워허 깔레즈 메 짜르살 빠라 해
  He has studied in college for four years. — 그는 대학에서 4년 동안 공부했다.

- मेरा दोस्त भारत गया है।
  merā dost bhārat gayā hai. — 메라 도스뜨 바랏뜨 가야 해
  My friend has gone to India. — 내 친구가 인도에 갔다.

Excercise 연습문제

1. Transform the following sentences as per the model.
   다음 문장들을 보기와 같이 바꾸시오.

> Model: मोहन आज साइकिल पर गया।
> मोहन आज साइकिल पर गया है।

a. नौकर सामान लाया।

....

b. क्या वे आज स्कुल गये।

....

c. तुम कौन सी गाड़ी लाये।

....

d. मैं अबतक जापान नहीं गयी।

....

e. डाक्टर अस्पताल से पाँच बजे लौटे।

....

Past Perfect. - 과거 완료

- सरिता कल यहाँ आयी थी।
  saritā kal ayahāM āyī thī. — 사리따 껄 야항 아이 티
  Sarita had come here yesterday. — 사리따는 어제 여기 왔었다.

- मैंने पिछले साल गाड़ी खरीदी थी।
  maĩne pichale sāl gāRī kharīdī thī. — 메네 삐츨레'살 가리 커리디 티
  I has bought car last year. — 난 작년에 차를 샀었다.

- वह गत सप्ताह मैसुर गया था।
  vah gat saptāh maisur gayā thā. 워허 거뜨 섭따흐 마에수르 거야 타
  Last week he had gone to Mysore 그는 지난 주 마이소르에 갔었다.

- हमने खूब खाया था।
  hamane khūb khāyā thā. 함네 쿱 카야 타
  We had eaten a lot. 우린 많이 먹었다.

Note

1. The present perfect tense is formed by adding हूँ (hūM), हो (ho), है (hai) and हैं (haĩ) to the past (indefinite) tense.

1. 현재 완료는 (불특정) 과거에 현재 시제 표지 हूँ (hūṁ), हो (ho) है (hai) 와 हैं (haiṁv)를 붙여서 만든다.

2. The past perfect tense is formed by adding था (thā), थे (the) and थी (thī) to the past (indefinite) tense.

2. 과거 완료는 (불특정) 과거에 과거 시제 표지 था (thā), qao (the)와 थी (thī)를 붙여서 만든다.

Excercise 연습문제

1. Transform the following sentences as per the model.
   다음 문장들을 보기와 같이 바꾸시오.

Model: मैं कल घर गया।
मैं कल घर गया था।

a. वह कल देर से सो गया।

....

b. परसों बहुत बारिश हुई।

....

c. वह बहुत भीगा।

....

d. आप कल जीवन से कितने बजे मिले।

....

e. तुम कल उसके सामने क्यों हँसे।

....

※ अपूर्ण वर्तमान / भूत काल [apūrṇ vartmān / bhūt kāl] Present / Past Continues Tense - 현재 / 과거 진행 시제

Present continuous अपूर्ण वर्तमान - 현재 진행

Read the following sentences
다음 문장들을 읽으시오.

- वह आ रहा है।
  vah ā rahā hai. 워허 아 러하 해
  He is coming. 그가 오는 중이다.

- हम जा रहे हैं।
  ham jā rahe haĩ. 함 자 러헤 행
  We are going. 우린 가고 있다.

- मैं लिख रहा हूँ।
  maĩ likha rahā hūM. 맹 리'크 러하 훙
  I am writing. 난 쓰고 있다.

– तू सो रहा है।
tū so rahā hai.
You are sleeping.

뚜 쏘 러하 해
넌 자고 있다.

– वहाँ सब लोग खेल रहे हैं।
vahāM sab log khel rahe haĩ
All are (people) playing there.

와항 쌉로'그 켈 러헤 행
그곳에서 모두 놀고 있다.

– आप कब आ रहे हैं।
āp kab ā rahe haĩ?
When are you coming?

압 꺼브 아 러헤 행?
언제 오시나요?

– तुम क्या कर रहे हो।
tum kyā kar rahe ho?
What are you doing?

뚬 꺄 꺼르 러헤 호
너 뭐하고 있니?

Past continuous अपूर्ण भूत - 과거 진행

– हम जा रहे थे।
ham jā rahe the.
We were going.

함 자 러헤 테
우린 가고 있었다.

– वह आ रहा था।
vah ā rahā thā.
He was coming.

워허 아 러하 테
그는 오고 있었다.

– तुम कहाँ जा रहे थे।
tum kahāM jā rahe the?
Where were you going?

뚬 꺼항 자 러헤 테
너 어디 가고 있었냐?

– मैं काम कर रहा था।
maĩ kām kar rahā thā.
I was working.

맹 깜 꺼르 러하 타
난 일하고 있었다.

– आप क्यों परेशान हो रहे थे।
āp kyõ pareshān ho rahe the?
Why were you worried?

압 꽁 빠레샨 호 러헤 행
왜 어려워하세요?

- वे लोग चले जा रहे थे।
ve log cale jā rahe the. 웨 로'그 짤레' 자 러헤 테
Those people were going. 그들은 가고 있었다.

Past Imperfect. - 과거 미완료

Read the following sentences.
다음 문장들을 읽으시오.

- मैं बंगाल में रहता था।
maĩ bangāl mẽ rahatā thā. 맹 방갈메 레흐따 타
I used to live in Bengal. 난 뱅갈에 살곤 했다.

- हम पहाड़ पर जाते थे।
ham pahāRa par jāte the. 함 빠하르 뻐르 자떼 테
We used to go on mountain. 우린 산에 가곤 한다.

- वह कहानियाँ लिखता था।
vah kahāniyāM likhatā thā 워허 꺼하니양 리'크따 타
He used to write stories. 그는 이야기를 썼었다.

- आप गाँव में रहते थे।
āp gāMv mẽ rahate the. 압 가온 메 레흐떼 테
You were living in the village. 당신은 마을에 살았었습니다.

- तुम भी तो आयी थी।
tum bhī to āyī thī. 뚬 비 또 아이 티
You too had to come. 너도 왔었다.

Note

The past tense is formed by adding था (thā) which changes in to थे (the), थी (thī) and थीं (thī̃) according to the number and gender, of the subject, in place of हूँ (hūM), हो (ho), है (hai) or हैं (haĩ) of the present tense.

과거 시제는 현재 시제 표지 हूँ (hūṁ), हो (ho), है (hai) 또는 हैं (haiṁí) 대신에

과거 시제 표지 था (thā)를 쓰며 이것은 주어의 성,수에 따라서 थे (the), थी (thī)와 थीं (thiṁ)으로 바뀐다.

I go.	मैं जाता हूँ।	मैं जाता था।	I went.
	maĩ jātā hūM.	maĩ jātā thā.	
You go.	तुम जाते हो।	तुम जाते थे।	You went.
	tum jāte ho.	tum jāte the.	
she goes.	वह जाती है।	वह जाती थी।	she went.
	vah jātī hai.	vah jātī thī.	

※ Reading Practice.

राज	रमेश तुम कल कहाँ थे ?
रमेश	मैं घर पर ही था। क्यों ?
राज	नहीं। मैंने कई बार तुम्हें टेलीफोन किया था पर किसीने नहीं उठाया।
रमेश	कितने बजे फोन किया था ?
राज	दिन में दो बार किया था। ग्यारह बजे और फिर तीन बजे।
रमेश	ग्यारह बजे मैं बैंक गया था और तीन बजे पिताजी के साथ उनके दफ्तर में था।
राज	बहुत व्यस्त हो क्या ?
रमेश	जी हाँ। पिताजी के साथ दफ्तर में काम कर रहा हूँ।
राज	आज भी व्यस्त हो ?
रमेश	जी हाँ। फिर कभी मिलते हैं।
राज	ठीक है। नमस्ते।
रमेश	नमस्ते।

rāja — ramesh tum kal kahāM the?
라메슈 뚬 껄 꺼항 테?

rmesh — maĩ ghar par hī thā, kyõ?
맹 거르 뻐르 히 타 꾱?

rāja — nahĩ! maĩne kaī bāra tumhẽ telīphon kiyā thā, par kisine nahĩ uThayā.
내힝! 맹네 꺼이 바르 뚬헹 뗄리폰 끼야 타, 뻐르 끼씨네 내힝 우타야.

ramesh — kitane baje phon kiyā thā?
끼뜨네 바제 폰 끼야 타?

rāja	din mẽ do bār kiyā thā, gyārah baje aur phir tīn baje. 딘 메 도 바르 끼야 타, 갸라흐 바제 어르 피르 띤 바제.
rameah	gyarah baje maĩ benk gayā thā aur tīn baje pitājī ke sātha 갸라흐 바제 맹 뱅끄 가야 타 어르 띤 바제 삐따지 께 싸트 unake daftar mẽ thā. 운께 다프따르 메 타.
rāja	bahut vyast ho kyā? 버훗 뱌스뜨 호 꺄?
ramesh	jī hāM! Pitājī ke sātha daftar mẽ kām kar rahā hūM. 지 항! 삐따지 께 싸트 다프따르 메 깜 까르 라하 훙.
ramesh	āja bhī vyast ho? 아즈 비 뱌스뜨 호?
rāja	jī hāM! phir kabhī milate haĩ. 지 항! 피르 까비 밀떼 행.
ramesh	Thīk hai! namaskāra. 틱 해! 나마스까르.
rāja	namaskāra. 나마스까르

Raj	Ramesh where were you yesterday?
Ramesh	I was at home, why?
Raj	No! I had called you several times, but no one picked up the phone.
Ramesh	When did you call?
Raj	Twice, in the day eleven 'o' clock and then at three 'o' clock.
Ramesh	At eleven 'o', clock I had gone to Bank and at three 'o' clock I was with my father in his office.
Raj	Are you very busy?
Ramesh	Yes! I am working with my father in his office.
Raj	Are you busy even today?
Ramesh	Yes! See you sometimes later.
Raj	Okay, bye.
Ramesh	Bye.
라즈	라메쉬 너 어제 어디 있었니?
라메쉬	집에 있었는데, 왜?
라즈	아닌데, 너한테 몇 번 전화했었는데, 아무도 안 받던데.
라메쉬	언제 전화했었는데?

라즈	하루에 두 번했어. 11시에 하고 3시에 했어
라메쉬	11시에는 은행에 갔었구, 3시에는 아버지 사무실에서 아버지랑 같이 있었어.
라즈	너 그렇게 바쁘니?
라메쉬	응, 나 아버지랑 사무실에서 일해.
라즈	오늘도 바빠?
라메쉬	응, 나중에 언제 보자.
라즈	그래, 안녕
라메쉬	안녕.

Excercise 연습문제

1. write the present and past continuous form of the following verbs:

Model: खाना — खा रहा हूँ।
खा रहा था।

सोना	रोना	जीना	पीना
करना	चलना	लिखना	देखना
हँसना	दौडना	उठना	घूमना

2. Transfer the following sentences according to the model:
다음 주어진 동사들의 현재 진행형과 과거 진행형을 쓰시오:

Model: मैं पढ़ने गयी थी।
मैं पढ़ने जा रही हूँ।

a. तुम लिखने गये थे।

....

b. तुम बेचने के लिये गये थे।

....

c. वह खरिदने गया था।

....

d. वे नाचने के लिये गये थे।

....

e. धोबी धोने के लिये गया था।

....

Model: मैं जा रहा हुँ।
मैं जा रहा था।

a. धोबी कपड़े ले जा रहा है।

....

b. नौकर दूध लाने जा रहा है।

....

c. लड़के खेल रहे हैं।

....

d. हम फिल्म देख रहे हैं।

....

e. पक्षी आसमान में उड़ रहे हैं।

....

1.3 कुछ महत्वपूर्ण अभिव्यक्तियाँ [kuch mahtvpurṇ abhivyktiyãM] Some Important Expressions 중요 표현

A: Command's and speeches

1 आइये

āie 아이예

Please come 들어오세요.

2 बैठिये

baiThie 배티예

Please be seated 앉으세요.

3 जाइए

jāie 자이예

Please go 가세요.

4 उठिये

uThie 우티예

Please get up 일어나세요.

4 गाइये

gāīe 가이예

Please sing 노래 하세요.

5 चलिए

calie 짤리'예

Please come (들어)가시지요.

6 पीजिए

pījie 삐-지예

Please drink 마시세요.

7 खाइए

khāie 카이예

Please eat 드세요.

8 ऊपर जाओ

ūpar jāo — 우-빠르 자오.

Go up — 위로 가라

9 नीचे जाओ

nīce jāo — 니-쩨 자오

Go down — 아래로 가라

10 सीधे जाओ

sīdhie jāo — 씨데 자오

Go straight — 똑바로 가라

11 चले जाओ

cale jāo — 쩔레 자오

Get off — 저리 가라.

12 निकल जाओ

nikal jāo — 니껄 자오

Go away — 나가라.

13 मत जाओ

mat jāo — 머뜨 자오

Don't go — 가지 마라.

14 बाहर प्रतीक्षा कीजिए ।

bāhar pratikshā kijīe — 바하르 쁘러 샤 끼-지예

wait out side — 밖에서 기다리세요.

15 ध्यान से सुनो

dhyān se suno — 단 쎄 쑤노

listen carefully — 주의해서 들어라.

16 धुम्रपान मत करो ।

dhumrapān mat karo — 두므르빤 머뜨 꺼로

Do not smoke — 담배 피지 마라.

17 सावधान रहो

sāvdhān raho — 싸브단 러호

Be careful — 조심해라.

18 मुझे देखने दो

mujhe dekhane do — 무제 데크네 도

Let me have a look — 내게 보여 줘.

19 बुरा मत मानना

burā mat mānanā — 부라 머뜨 만나

Do not take it ill — 나쁘게 받아들이지 마라.

20 फूल मत तोड़ो

phūl mat toRo — 풀- 머뜨 또로

Do not pluck flowers — 꽃을 꺾지 마라.

21 शोर मत करो

shor mat karo — 쇼르 머뜨 꺼로

Do not make noise — 시끄럽게 하지 마라.

22 चिल्लाओ मत

cillāo mat — 찔라오 머뜨

Do not shout — 소리치지 마라.

23 ठीक तरह से बैठो

Thīka tarah se baiTho — 틱 떠러흐 쎄 배토

sit properly — 똑바로 앉아라.

24 भूलना मत

bhūlnā mat — 불-르나 머뜨

Don't forget — 잊지 마라.

25 सच बोलो

saca bolo — 써쯔 볼로

speak the truth — 진실을 말해라.

26 चुप रहो

cup raho	쭙 러호
Keep quiet	조용히 해라.

27 तुरंत जाओ

turant jāo	뚜런뜨 자오
Go at once	얼른 가라

28 उसे रोको

use roko	우쎄 로꼬
Stop him	그를 멈추게 해라

29 सुनिए / सुनो

sunie/suno	쑤니에 / 쑤노
Listen	들으세요 / 들어라

30 बोलिए / बोलो

bolīe/bolo	볼리'에 / 볼로'
Speak	말씀하세요 / 말해라

31 शांत बैठो

shānt baiTho	샨뜨 배토
Sit still	앉아 있어라

32 मुझे मत सताओ

mujhe mat satāo	무제 머뜨 써따오
Don't trouble me	날 힘들게 하지 마라

33 मुझे परेशान मत करो।

muze pareshān mat karo	무제 빼레샨 머뜨 꺼로
Don't bother me	날 신경쓰이게 하지 마라

34 मुझे क्षमा करे / माफ कीजिए।

mujhe kshmā kare / māpha kījie.	무제 끄샤마 까렝/마프 끼지에
Excuse me.	실례합니다.

35 खेद है।

khed hai. 케드 해

sorry. 유감입니다.

36 कृपया।

kripayā 끄리빠야

Please 제발

37 धन्यवाद / शुक्रिया

dhanyavād /shukriyā 단야와드 / 쓔끄리야

Thank you. 고마워

38 क्षमा करें।

kshmā karẽ. 끄샤마 까렝

Pardon. 실례합니다.

39 स्वागत है।

swāgat hai. 스와가뜨 까렝

Welcome. 환영합니다.

40 कोई बात नहीं।

koi bāt nahĩ 꼬이 바뜨 내힝

No mention/ Doesn't matter. 아무것도 아니야.

41 आपसे मिलकर बड़ी खुशी हुई।

āpse milkar baRī khushī huī. 압쎄 밀까르 버리 쿠쉬 후이

Glad to meet you. 당신을 만나 기쁩니다.

42 बड़ी खुशी से।

baRī khushi se. 바리 쿠쉬 쎄

With great pleasure. 큰 기쁨으로

43 आपकी बहुत बहुत मेहरबानी।

aāpkī bahut bahut meharabānī. 압끼 버훗 버훗 메헤르바니

Very kind of you. 굉장히 친절하시네요.

44 जी हाँ।

jī hāM　　　지 항

Yes　　　예

45 नहीं।

nahĩ　　　내힝

No　　　아니요

1.4 कुछ उपयोगी जानकारियाँ [kucha upyogī jānkaāriyāṁ] Some Important Information 중요 구문

(A) Day's of the week सप्ताह के दिन - 요일

रविवार ravivār	Sunday	일요일
सोमवार somavār	Monday	월요일
मंगलवार mangalvār	Tuesday	화요일
बुधवार bhudhavār	Wednesday	수요일
गुरूवार guruvār	Thursday	목요일
शुक्रवार shukravār	Friday	금요일
शनिवार shanivār	Saturday	토요일

(b) Indian Months भारतीय महिने (bhārtīy mahine) - 월

चैत्र	वैशाख	जेष्ठ	असाढ	श्रावन	भाद्रपद
caitra	vaishākha	jeshṭha	asāṛh	srāvan	bhādrpad
째뜨르	웨샤크	제쉬트	어싸르	슈라원	바드르빠드
1월	2월	3월	4월	5월	6월

अश्विन	कार्तिक	मार्गशीष	पौष	माघ	फाल्गुन
ashvin	kārtik	mārgshīSa	pausha	māgh	phālgun
어쉬윈	까르띡	마르그쉬-슈	뽀쉬	마그	팔군
7월	8월	9월	10월	11월	12월

(C) Seasons ऋितु (ritu) - 계절

गरमी, ग्रीष्म	शरद	बरसात, वर्षा
garami ; grīshma	sarad	barasāt ; varshā
거르미 / 그리셤	셔러드	버르싸뜨/워르샤
Summer	Autumn	Rainy season
여름	가을	우기

वसन्त, बहार	हेमंत	शिशिर
vasant ; bahār	hemant	shishir
워썬뜨 / 버하르	헤먼뜨	쉬쉬르
Spring	Winter	Winter
봄	겨울	(늦)겨울

(d) Words related to weather मौसम संबधी शब्द (mausam sambandhī shabda) - 날씨에 연관된 단어들

हवा	आन्धी	बिजली	बाढ	बारिश	गर्जन
havā	āndhī	bijalī	bāṭha	barish	garjan
허와	안디-	비즐리-	바트	바리쉬	거르전
Wind	Storm	Lightening	Flood	Rain	Thundering
바람	폭풍	번개	홍수	비	천둥

(e) Directions दिशायें (dishayeṁ) - 방향

पुर्व	पश्चिम	उत्तर	दक्षिण	ओर
purv	pashcim	uttar	dakshiṇ	or
뿌르브	빠쉬찜	웃떠르	덕쉰	오르
East	West	North	South	Side
동	서	북	남	쪽 / 방향
दायाँ	**बाया**	**उपर**	**नीचे**	**पीछे**
dāyāṁ	bāyā	upar	nīce	pīce
다양	바야	우뻐르	니-쩨	삐-체
Right	Left	Above	Below	behind
오른쪽	왼쪽	위	아래	뒤
मध्य, बीच	**भीतर**	**बाहर**	**गोल**	
madhy, bīca	bhītar	bāhar	gol	
머드여 / 비쯔	비-떠르	바허르	골	
Centre	In	Out	Circle	
가운데	안	밖	권, 범위	

(f) Time समय (Samay) - 시간

पल़ , क्षण	मिनट	घंटा	सबेरे
pal	minaṭ	ghaṇṭā	sabere
뻘 / 크션	미너뜨	겅따	써베레
Second	Minut	Hour	Morning
초	분	시	아침
शाम	**रात**	**दिन**	**आधिरात**
shām	rāt	din	ādhirāt
샴	라뜨	딘	아디러뜨
Evening	night	Day	Mid night
저녁	밤	낮	한밤

(g) Colors रंग (Raṅg) - 색

सफ़ेद	काला	नीला	पीला	लाल
safed	kālā	nīla	pīlā	lāl
써페드	깔라	닐-라	삘-라	랄
white	Black	Blue	Yellow	Red
하양	검정	파랑	노랑	빨강
भूरा	**हरा**	**गुलाबी**	**केसरिया**	
bhūrā	harā	gulābī	kesariyā	
부라	허라	굴라비	께쓰리야	
Brown	Green	Pink	Saffron	
갈색	초록	분홍	주황(사프란)색	

(h) Fruits फल (phal) - 과일

केला	आम	अंगुर	नींबु	संतरा	सेब
kelā	ām	aṅgur	nīṁbu	saṅtrā	seb
껠라	암	엉구르	님부	썬뜨라	쎄브
Banana	Mango	Grapes	lemon	Orange	Apple
바나나	망고	포도	레몬	오렌지	사과
अमरुद	**सीताफल**	**पपीता**	**अनानास**	**खरबूजा**	
amrud	sītāphal	papītā	anānās	kharbūjā	
엄루드	씨따펄	뻐삐따	어나나쓰	커르부-자	
Guava	custard apple	papaya	Pineapple	water milan	
구아바	번여지 / 포포	파파야	파인애플	수박	

(i) Flower's फूल - 꽃

गुलाब	कमल	चमेली	चम्पा	कुमुदनी
gulāb 굴랍 Rose 장미	kamal 꺼멀 Lotus 연	camelī 쩌멜리 Jasmine 자스민	campā 쩜빠 Magnolia 목련	kumudnī 꾸무드니 Lily 백합
केतकी	**कनेर**	**गुलबहार**	**गेंदा**	
ketakī 께떠끼 Pandanus 판다누스	kaner 꺼네르 Oleander 협죽도	gulabahār 굴러버하르 Daisy 데이지	gendā 겡다 Marigold 금잔화	

(j) Animals जानवर (jānavar) - 동물

हाथी	बाघ	सिंह, शेर	भालू, रीछ	चिता
hāthī 하티- Elephant 코끼리	bāgh 바그 Tiger 호랑이	simh; sher 씽 / 쉐르 Lion 사자	bhālū; rīcha 발루- / 리-츠 Bear 곰	citā 찌따 Cheetah 치타
कुत्ता	**सुअर**	**बन्दर**	**गधा**	**बिल्ली**
kuttā 꾸따 Dog 개	suar 쑤어르 Pig 돼지	bańdar 번더르 Monkey 원숭이	gadhā 거다 donkey 당나귀	biillī 빌리- Cat 고양이
गाय	**बैल**	**घोड़ा**	**खरगोश**	**गिदड़**
gāy 가이 cow 소	bail 밸 Bullock 황소	ghoRā 고라 Horse 말	khargosh 커르고쉬 Rabbit 토끼	gidaRa 기더르 Jackal 자칼

(k) Hindi Numbers हिन्दी संख्या - 힌디숫자

क्रमसूचक संख्या Hindi Ordinal Numbers

पहला	दूसरा	तीसरा	चौथा	पाँचवाँ
pahalā 빠흘라 First 첫째	dūsrā 두쓰러 Second 둘째	tīsrā 띠쓰러 Third 셋째	couthā 쪼우타 Fourth 넷째	pāṁcvāṁ 빤쯔방 Fifth 다섯째

छठा	सातवाँ	आठवाँ	नौवा	दसवाँ
chaṭhā	sātvāṁ	āṭhvāṁ	nauvāṁ	dasvāṁ
처타	싸뜨방	아트방	노우방	더쓰방
Sixth	Seventh	Eighth	Ninth	Tenth
여섯째	일곱째	여덟째	아홉째	열째

(l) Fractional Number's प्रभाजक संख्या - 분수

एक चौथाई ek cauṭhāī 에끄 쪼우타이-	¼ (a quarter)
आधा ādhā 아다	½ (half)
पौना 뽀우나	3/4
तीन चौथाई pāunā, tīn cauthāī 띤 조우타이	3/4
सवा savā 써와	1¼
डेढ़ ḍeRha 데르	1½
पौने दो pāune do 뽀우네 도	1¾
सवा दो savā do 서와 도	2¼
ढाई ḍhāī 다이	2½
पौने तीन pāune tīn 뽀우네 띤	2¾
सवा तीन savā tīn 서와 띤	3¼
साढ़े तीन sāRhe tīn 싸레 띤	3½
पौने चार pāune chāra 보우네 짜르	3¾
दशमलव dashmalav 더쉬멀러'우	Decimal point
एक दशमलव पाँच ek dashmalav pāṁca 에끄 더쉬멀러'우 빤쯔	1.5
प्रतिशत pratishat 쁘라띠샤뜨	Percent
पचास प्रतिशत pacās pratishat 버짜쓰 쁘라띠샤뜨	50%

(m) Punctuation Marks विराम चिह्न - 구두점

पूर्ण विराम	अल्पविराम	अर्द्धविराम	कोलन
purṇa virām	alpvirām	ardhviām	kolan
Full stop	Comma	Semi Colon	Colon
마침표(.)	쉼표 (,)	세미콜론(;)	콜론 (:)

प्रश्नचिह्न	विस्मयकारी चिह्न	योजक चिह्न	निर्देश चिह्न
prashnacinh Sign of interrogatio 물음표 (?)	vismyakārī cihn Sign of Exclamation 느낌표 (!)	yojak cihna Hyphen 연결부호(-)	nirdesh cihna Dash 밑줄
संबध सूचक	**उध्दरणचिह्न**	**कोष्टक**	
sambńdh sūcak Apostrophe 소유격, 복수 부호 (')	udhraṇacihn Inverted Commas 인용부호 (' ')	koshtak Bracket 괄호	

(n) Musical Instruments संगीत वाद्य - 악기

घंटी	गिटार	चंग
ghańṭī Bell 종, 방울	giṭār Guitar 기타	cang Harp 하프
झांझ	**डफ**	**डुगडुगी , ढोल , नगाड़ा**
jhāńjha Cymbal 심벌	ḍapha Tambourine 탬버린	ḍugḍugī, ḍhola nagāRā Drum 북종류
ढोलक	**तुरही**	**पियानो**
ḍholaka Tom-tom (손바닥으로 두들기는) 북	turahī Bugle 나팔	piano Piano 피아노
बाँसुरी	**वायलिन**	**मसक बाजा**
bāṁsurī Flute 플롯, 피리	vāylin Violin 바이올린	masakbājā Bagpipe 백파이프
मृदंग	**शहनाई**	**सीटी**
mridańg Jew's Harp 구금(口琴)	shahanāī Clarion 클라리온	sīṭī Whistle 호각
शंख	**सितार**	**सरोद**
shańkha Conch (고둥) 나팔	sitār Sitar 씨따르 (인도현악기)	sarod Sarod 써로드 (인도현악기)

(o) Professions in Hindi

दलाल	कलाकार	नाई
dalāl	kalākār	nāī
Agent	Artist	Barber
대리인, 중계인	예술가	이발사
बाक्सर	व्यापार, कारोबार	व्यापारी, सौदागर
bāksar	vyāpār, kārobār	vyāpārī, saudāgar
Boxer	Business	Businessman
복서	사업	사업가
कसाई	मोची	रसोइया, खानसामा, बावरची
kasāī	mocī	rasoīyā, khānsāmā, bāvarchī
Butcher	cobbler	cook
푸주한	직공, 수선공	요리사
डाक्टर, वैद्य, हाकीम	कारखाना	वकील
ḍactar, vaidhya hākīm	kārkhānā	vakīl
Doctor	Factory	Lawyer
의사	공장	법률가(변호사)
मज़दूर	संगीतकार	दफ्तर, कार्यालय
mazadūr	saṅgīkār	daftar, kāyālay
Laborer	Musician	Office
노동자	음악가	사무실
अफसर, अधिकारी	अनौपचारिक	पंडित, पुजारी
aphasar, adhikārī	anaupchārik	panḍit, pujārī
Officer	Informal	Priest(Hindu)
관리, 사원	비공식의	힌두 성직자
पादरी	मुल्ला, मौलवी	ग्रन्थी
pādarī	mullā, maulavī	granthī
Priest(Christian)	priest(Muslim)	Priest (Sikha)
크리스트교 성직자	무슬림 성직자	시크교 성직자
शिल्पकार	दुकानदार	गायक
shilpār	dukāndār	gāyak
Sculptor	Shopkeeper	Singer
조각가	가게 주인	가수

पहलवान	लेखक	
pahalvān	lekhak	
Wrestler	Writer	
레슬러	작가	

(p) Dresses पोशाक - 의복

टोपी	धोती	पोशाक	ऐनक
ṭopī	dhotī	poshākh	ainak
cap	Dhoti	Dress	Glasses, Spectacles
모자	도띠 (남자가 허리에 두르는 옷)	옷	안경
दस्ताने	**टोप**	**पज़ामा**	**शलवार**
dastāne	ṭop	pazāmā	shalvār
Gloves	Hat	Pajama	Salwar
장갑	모자	파자마(통 넓은 바지)	샬와르 (헐렁한 바지)
कुर्ता	**साड़ी**	**रुमाल, दुपट्टा**	**कमीज़**
kurtā	sarī	rumāl dupaṭṭā	kamīz
Kurta	Saree	Scarf	Shirt
꾸르따 (헐렁하고 긴 셔츠)	사리 (전통 여성복장)	스카프	셔츠
जूता	**निकर**	**चप्पल**	**मोजे, जुराब**
jūtā	nikar	cappal	moje, jurāb
Shoe	Shorts	Slipper	Socks
신발	신발	슬리퍼	양말
पैंट	**पगड़ी**	**छाता**	**कच्छा**
paiṇṭ	pagaRī	chātā	kacchā
Trousers	Turban	Umbrella	Under pant
바지	터번	우산	속바지
बनियान			
baniyān			
Undershirt			
속옷			

(q) Tastes in Hindi स्वाद (swād)

कड़वा	स्वादिष्ट मज़ेदार	नमकीन	खट्टा
kaRvā Bitter 쓴	swādiSaṭa, mazedār Delicious 맛있는	namakīn Savory / Salty 짠	khaṭṭā Sour 신
चटपटा, मसालेदार	**मीठा**	**फीका, बेस्वाद**	
catpaṭā, masāledār Spicy 양념(향료)를 넣은 맛, 매운	mīṭhā Sweet 단	fīkā, beswād Tasteless 맛 없는	

(q) collective words समुहवाचक शब्द

1	गुच्छा	gucchā	चाबियों का गुच्छा	A bunch of keys 열쇠 한 꾸러미
2	गटठर	gaṭṭhar	लकड़ियों का गटठर	A bundle of stick 막대 한 단
3	गुलदस्ता	guldstā	फूलों का गुलदस्ता	A bouquet of flower 꽃 한 다발
4	भीड	bhīRa	लोंगों की भीड	A crowd of people 한 무리의 사람들
5	श्रृंखला	shruṅkhlā	पहाड़ों की श्रृंखला	A chain of mountain 산맥
6	बेड़ा	beRā	जहाजों का बेडा	A fleet of ship 선단 or 함대
7	टोली	ṭolī	मजदुरो की टोली	A gang of Labors 노동자들 집단
8	जोडी	joRī	एक जोडी जुता	A pair of shoes 신발 한 켤레
9	बेड़ा	beRā	बकरियों का बेडा	A flock of sheep 양떼
10	ढेर	ḍher	कुडे का ढेर	A heap of rubbish 쓰레기 더미
11	क्रम	kram	घटनाओं का क्रम	A series of events 사건의 연속
12	टुकड़ी	ṭukRī	सैनिकों की टुकडी	A regiment of soldiers (군사)연대
13	समूह	samūh	छात्रों का समुह	A batch of student 한 떼의 학생
14	छत्ता	chattā	मधुमक्खी का छत्ता	A hive of bees 꿀벌 떼
15	कतार	katār	सीढियों की कतारे	A flight of steps 일련의 계단
16	पुलंदा	pulaṅdā	चिट्ठियों का पुलंदा	A sheaf of letters 편지 한 단
17	गिरोह	giroh	लुटेरों का गिरोह	A gang of robbers 도둑 패거리
18	माला	mālā	फूलों की माला	A garland of flowers 화관, 화환
19	बौछार	bauchār	वर्षा की बौछार	A shower of rain 소나기

(r) Part's of the body शरीर के भाग

सिर	चेहरा	कपाल	ढोड़ी	गाल
sir Head 머리	cehrā Face 얼굴	kapāl Forehead 이마	ṭhoḍī Chin 턱	gāl Cheeck 볼
आँखें	**भौंहें**	**कान**	**होंठ**	**मुख, मुँह**
āṁkhẽ Eyes 두 눈	bhouṁhẽ Eyebrows 눈썹	kān Ears 귀	hoṁṭh Lips 입술	mukha, muṁh Mouth 입
दाँत	**जीभ**	**गरदन**	**कंधा**	**बाँहें**
dāṁt Teeth 이	jībh Tongue 혀	gardan Neck 목	kaṁdhā Shoulder 어깨	bāṁhẽ Arms 팔
हाथ	**हथेली**	**ऊँगलियाँ**	**छाती**	**हृदय**
hāth Hands 손	hathelī Palm 손바닥	ūṁgliyāṁ Fingers 손가락들	chātī Chest 가슴	hriday Heart 심장
पेट	**कमर**	**पैर, पाँव**	**घुटना**	**पीठ**
peṭ Stomach 위	kamar Waist 허리	paira, pāṁva Legs 다리	ghuṭnā Knee 무릎	pīṭh Back 등

1.5 हिन्दी लोकोक्तियाँ [hindi lokoktiyān] Hindi proverbs 힌디 속담

Proverbs are popular sayings which contain advice or state a generally accepted truth. Because most proverbs have their origin in oral tradition, they are generally worded in a such a way so as to be remembered easily and there tend to change very little from generation to generation. लोकोक्ती lokoktiī is the word for proverbs in Hindi. Proverbs are used to support arguments, to provide lessons and instructions, and to stress shared values. Here are some common proverbs of Hindi with English translation, memorize and use them as per the situation. How to use these? Here is an example. Read carefully the following conversation.

힌디 속담

속담은 시대를 뛰어넘어 보편적인 진실로 받아들여지는 의식이나 조언을 내포하는 말이다. 대부분의 속담은 그 자체가 구전법에 의해 전해내려 왔기 때문에 그것들은 일반적으로 기억하기가 쉬우며 세월이 가도 거의 변하지 않는 속성이 있다.

힌디로 '속담'은 लोकोक्ति 이다. 속담은 주장에 대한 근거로 사용하고 교훈이나 조언, 공유된 가치를 전달할 때에도 사용한다. 여기에 일반적인 힌디 속담 몇 가지를 영어 해석과 함께 실었으니 기억하여 적절한 상황에서 사용하길 바란다. 속담은 어떻게 사용해야 할까? 다음의 예문을 주의 깊게 읽어본다.

महेश	अरी गीता तुमने शाम को देखा?
गीता	नहीं तो।
महेश	पता नहीं आजकल कहाँ रहता है।
गीता	वो देखो वह आ रहा है।
शाम	तुम यहाँ हो? मैं तुम्हें मैदान में ढूँढ रहा था।
गीता	हमें? तुम खुद ईद के चाँद हो गये हो।
महेश	ठीक तो कह रही है। कहाँ थे इतने दिन?
शाम	बस ऐसे ही। खैर चलो चलते हैं।

This conversation contains of a proverb ie, ईद का चाँद होना in the utterance तुम खुद ईद के चाँद हो गये हो। Its meaning is 'to be seen once in a blue moon'. This type of expression brings beauty to the language.

이 대화에서 문장 तुम खुद ईद के चाँद हो गये हो।을 보면 속담[-d ka चाँद होना 이 쓰였다. 이것의 의미는 '아주 오랜만에 본다(to be seen once in a blue moon)' 이런 식의 표현은 언어를 윤택하고 아름답게 한다.

- अकेला चना भाड़ नहीं फोड़ता।

  One swallow does not make a summer
  참새 한 마리가 여름을 부르진 않는다.

- अकलमंद को इशारा काफी।
  A word to the wise is enough.
  현명한 말은 한 마디면 족하다.

- अकल बड़ी कि भैंस।
  Wisdom is better than strength.
  지혜는 힘보다 강하다.

- अपनी अपनी डफ़ली अपना अपना राग।
  Many heads many minds.
  사공이 많으면 배가 산으로 간다.

- अपने मुँह मियाँ मिट्ठु।
  Self praise is no recommendation.
  자화자찬에 인정할 사람 없다.

- आकाश से गिरे खजुर में अटके।
  Out the frying pan into the fire.
  산 넘어 산.

- आँख ओट पहाड़ ओट।
  Long absent is soon forgotten.
  눈에 안 보이면 마음에서도 잊혀진다.

- आदि बुरा तो अंत बुरा।
  Evil beginnings have bad endings.
  첫 단추를 잘 꿰야 한다.

- आप भला तो जग भला।
  Good mind good find.
  마음이 고와야 한다.

- इधर कुआँ उधर खाइ।
  Between the devil and the deep sea.
  진퇴양난, 사면초가

- इलाज से परहेज़ अच्छा।
  Prevention is better than cure.
  소 잃고 외양간 고친다. (예방이 최선이다.)

- ऊँची दुकान फीके पकवान।

Great hosts little roast.
허장성세.

- ऊँट के मुँह में जीरा।

A drop in the ocean.
대양에 물 한방울

- एक सड़ी मछली सारे तालाब को गंदा कर देती है।

A rotten apple spoils the whole basket.
미꾸라지 한 마리가 개울을 흐린다.

- एक अंडा वह भी गंदा।

One egg that to addled.
썩은 계란 하나.

- एक अनार सौ बीमार।

One post and a hundred candidates.
자리 하나에 백 명의 지원자

- ओस चाटे प्यास नहीं बुझती।

A fog cannot be dispelled by a fan.
갈증에 이슬 한 방울 (중과부적)

- अंगुली पकड़कर पहूँचा पकड़ना।

Give him an inch and he will take it all.
하나를 주니 전부를 달라고 한다. (물에 빠진 사람 구해주니 보따리 내놓으라는 격)

- अंधों में काना राजा।

A figure in the cypher.
어둠 속에 하찮은 왕 (보잘 것 없는 것, 허수아비)

- अंत भले का भला।

All is well that ends well.
끝이 좋아야 모든 일이 좋다.

- कर भला हो भला।

Light reflects light.
좋은 일에 좋은 일이 더한다. (금상첨화)

- करेला और नीम चढ़ा।

Aggravated rawness of temper.

벌레가 Nim나무를 기어오른다. (안 좋은 일이 겹침, 엎친데 덮친격)

- खरबुजे को देखकर खरबूजा रंग बदलता है।

Society moulds man.

환경이 사람을 만든다.

- खरी मजुरी चोखा काम।

A good servant should have good wages.

고생 끝에 낙이 온다.

- डूबते को तिनके का सहारा।

A drawing man catches a straw.

물에 빠진 사람은 지푸라기라도 잡는다.

- चादर देखकर पैर पसारो।

Cut your coat according to your cloth.

누울 자리를 보고 발을 뻗어라.

- चोर चोर मौसेरे भाई।

Birds of the same feather flock together.

끼리 끼리 뭉친다. (까마귀 노는 곳에 백로야 가지 마라.)

- जहाँ चाह वहाँ राह।

Where there is will there is a way.

뜻이 있는 곳에 길이 있다.

- जिसकी लाठी उसकी भैंस।

Might is right.

힘이 곧 정의다.

- जैसा देश वैसा भेष।

Be a Rroman in Rome.

로마에 가면 로마법을 따라라.

- जो बोया सो काटा।

As you sow, so shall you reap.

뿌린대로 거두리라.

- झूठ के पाँव नहीं होते।
A lies has no legs to stand upon.
거짓은 드러나게 되어있다.

- दूध का जला छाँछ भी फूँक कर पीता है।
A burnt child dreads the fire.
불도 데인 놈이 무서워 한다. (자라보고 놀란 가슴 솥뚜껑 보고 놀란다.)

- थोथा चना बाजे घना।
An empty vessel makes much noise.
빈 수레가 요란하다.

- दाल में कुछ काला है।
There is some thing wrong at the bottom.
근본이 썩었다.

- देखें ऊँट किस ओर करवट बदलता है।
Let's see which way the wind blows.
바람이 어디로 부는지 살펴라. (시류를 파악해라.)

- नीम हकीम खतरे जान।
A little knowledge is a dangerous thing.
얕은 지식만큼 위험한 것도 없다.

- बद अच्छा बदनाम बुरा।
A bad man is better than bad name.
죄는 미워해도 사람은 미워하지 말라.

- बिना अपने मरे स्वर्ग नहीं मिलता।
If you want a thing well done, do it yourself.
하늘은 스스로 돕는 자를 돕는다.

- भूख में चने भी मखाने।
Hunger is the best sauce.
시장이 최고의 반찬.

- मुफ्त की शराब काजी को भी हलाल।
An empty door will tempt the saint.
공짜 술은 판사도 좋아한다.

- मौत और ग्राहक का कोई समय नहीं होता।
  Death keeps no calender.
  죽음과 손님은 예고 없이 찾아온다.

- दौलत की माँ पहाड़ चढ़े।
  Money is the God of the world.
  부를 쌓으면 산도 움직인다.

- दूध का दूध पानी का पानी
  Oil and truth must come out.
  기름과 진실은 새어나오게 마련이다.

- नेकी कर दरिया में डाल।
  Do good and cast it into the river.
  선행은 강물에 던져라. (왼손이 하는 일을 오른손이 모르게 하라.)

- लालच बुरी बला है।
  Avarice is the root of all evil.
  욕심은 화의 근본.

- लाहे के चने चबाना।
  A hard nut to crack.
  옹고집, 외골수, 상대하기 힘든 사람이나 일.

- हथेली पर दही नहीं जमती।
  Rome was not built in a day.
  로마는 하루 아침에 세워지지 않았다.

Answers
연습문제 정답

Part II

1.1 अभिवादन [abhivādan]

Greetings
만남

Excercise 연습문제 (p.48)

1. How would you say following greetings in Hindi?
   다음의 인사말들을 힌디로 말하세요.

   Hello 안녕

   नमस्ते।

   How are you? 잘 지내요?

   आप कैसे हैं?

   I am fine. 난 잘 지내요.

   मै ठीक हुँ।

   And you? 당신은요?

   और आप?

Nice meeting you. 만나서 반가워요.

आप से मिलकर खुशी हुई।

See you again. 또 만나요.

फिर मिलेंगे।

Thank you. 감사합니다.

धन्यवाद।

Congratulation. 축하합니다.

बधाई हो।

1.2 सांकेतिक वाक्य [sāṅketik vākya] Indicative Sentences 지시문

Excercise 연습문제 (p.56)

1. Write the Hindi equivalent of the following against each word:
다음의 각각의 단어들에 대응하는 힌디어를 쓰세요.

that	저것	this	이것
यह		वह	
Kalam	펜	shop	가게
कलम		दुकान	
book	책	note book	공책
किताब		कापी	
yes	네	no	아니요
हाँ		नहीं	

2. Write five sentences choosing appropriate words from :
다음의 단어들 중 적절한 것을 선택하여 다섯 문장을 만드세요.

यह	वह	कापी	है।
		नाव	
		कान	
		आम	
		मेज़	

1 यह कापी है।

2 यह नाव है।

3 यह कान है।

4 यह आम है।

5 यह मेज है।

1 वह कापी है।

2 वह नाव है।

3 वह कान है।

4 वह आम है।

5 वह मेज है।

3. Fill in the blanks 빈칸을 채우시오

Model 1. यह......है। (집) (house) यह मकान है

2. वह ......है। (공책) (note book) वह कापी है।

1. यह यह कान है। है। (귀) (ear)
2. वह वह नाव है। है। (보트) (boat)
3. यह यह आम है। है। (망고) (mango)
4. वह वह मेज़ है। है। (책상) (table)
5. यह यह कलम है। है। (책상) (pen)
6. वह वह दुकान है। है। (펜) (shop)

1.3 परिचय [parichay] Introduction 소개

Excercise 연습문제 (p.78)

1. Make five sentences choosing appropriate words:
   적절한 단어를 골라 다섯 문장을 만드세요.

यह	मेरा	बहन् भाई पिताजी़ माताजी़ गुरुजी	है। है।
वह	मेरी		
वे	मेरे		

1. यह मेरा भाई है।
2. वह मेरा भाई है।
3. यह मेरी बहन है।
4. वह मेरी बहन है।

5. वे मेरे पिताजी हैं।

6. वे मेरी माताजी हैं।

7. वे मेरे गुरूजी हैं।

2. Fill in the blanks:
빈칸을 채우시오.

1. यह राम यह राम का मकान है। मकान है।
2. वह गीता वह गीता की किताब है। किताब है।
3. वे वे उसके पिताजी हैं। पिताजी हैं।
4. हम बडों हम बड़ों का आदर करते हैं। आदर करते हैं।
5. कोरिया कोरिया का मौसम ठंडा है। मौसम ठंडा है।

3. Give a brief introduction of your family.
자신의 가족을 간략하게 소개하시오.

मेरा परिवार

मेरा नाम पतिभा है। मेरे परिवार में चार सदस्य हैं। मेरे पिताजी माताजी बड़ा भाई और मैं।
मेरे पिताजी वकिल हैं और माताजी अद्यापिका है। मेरा बड़ा भाई कालेज में पढ़ता है।
मैं अठारह साल की हूँ।मुझे किताबें पढ़ना अच्छा लगता है।हमारे घर में छाटी सी बिल्ली भी है।
उसका रंग सफ़ेद है। मेरे नाना नानी गाँव में रहते हैं।हमारा परिवार सुखी परिवार है।

4. Answer the following questions on the basis of the text given in the lesson माधव का मकान "mādhav kā makān":
다음의 물음에 지문 माधव का मकान을 보고 답하시오.

1 माधव के मकान में कितने कमरे हैं?

माधव के मकान में चार कमरे हैं।

2 ऊपरवाला कमरा कैसा है?

ऊपरवाला कमरा हवादार है।

3 रसोईघर कहाँ है?

रसोईघर नीचे है।

4 माधव का कमरा कहाँ है?

माधव का कमरा ऊपर है।

5 माधव के घर के सामने क्या है?

माधव के घर के सामने बगीचा हे।

5. Write equivalent of following words:
다음의 말에 대응하는 힌디어를 쓰시오.

a. with me	나와 함께	मेरे साथ।
b. with you	너와 함께	उसके साथ।
c. near you.	너의 근처에	आपके साथ।
d. in that direction	저쪽	उस तरफ।
e. in our direction	이쪽	हमारी तरफ।

6. Translate the following:
다음의 말을 힌디로 바꾸시오.

a. Several days. कई दिन।
b. several book's. कई किताबें।।
c. several time. कई बार।
d. several year's. कई साल।
e. several people. कई लोग।
d. several subjects. कई विषय।
e. several things. कई चीज़ें।
f. several students कई छात्र।

1.4 मौसम [mausam] Weather 날씨

Excercise 연습문제 (p.91)

1. Answer the following: 다음에 답하시오.

a. आज मौसम कैसा है?

⇒ आज मौसम गरम है।

b. कल मौसम कैसा था?

⇒ कल मौसम ठंडा था।

c. कोरिया में कितने मौसम है?

⇒ कोरिया में चार मौसम है।

d. आपको कोनसा मौसम अच्छा लगता है?

⇒ मुझे ठंडा मौसम अच्छा लगता है।

2. Fill in the blanks; 빈칸을 채우시오.

a. आज आज गरमी है। है।

b. कल कल ठंड थी। थी।

c. मौसम मौसम गरम था। था।

d. वर्षा मे वर्षा में बरसात होती है। है।

e. गरमी में पसीना आता है। क मौसम में बर्फ होती है।

ठंड के मौसम में बर्फ होती है। क मौसम में बर्फ होती है।

3. Translate the following in Hindi: 다음을 힌디로 번역하시오:

a. who are you? 넌 누구니?

आप कौन है?

b. Whose book is this? 이책은 누구의 책이니?

यह किताब किसकी है?

c. Where is the School? 학교가 어디에 있지?

पाठशाला कहाँ है?

d. What are you doing? 너 뭐하고 있니?

आप क्या कर रहें हैं?

e. When did you come? 너 언제 왔니?

आप कब आयें?

1.5 यात्रा पर संवाद [yātrā par saṁvād]

Travel
여행

Excercise 연습문제 (p.111)

1. Answer the following questions on the basis of the text given in the lesson यात्रा पर संवाद "yātrā par saṁvād":
यात्रा पर संवाद "yātrā par saṁvād":지문을 바탕으로 다음의 질문에 답하시오.

a. सुरेश कहाँ गया था?
सुरेश मैसुर गया था।

b. सुरेश को सबसे अच्छि जगह कौनसी लगी?
सुरेश को सबसे अच्छि जगह मैसुर लगी।

c. मैसर कैसा शहर है?
मैसुर बहुत सुंदर शहर है।

d. मैसर में देखने लायक कौनसी जगहें है?
मैसुर में देखने लायक कई जगहें हैं। चामुंडी हिल्
राजमहल् आर्ट गैलरी् म्युजियम आदि । थोडी दूर पर
वृंदावन गार्डन है। जो दुनिया का मशहूर बाग है।

e. सुरेश मैसुर से क्या लाया?
सुरेश मैसुर से चंदन के बने कुछ खिलौने और एक मूर्ती ले लाया था।

2. Fill in the blanks: .... 빈칸을 채우시오

a. गिलास में गिलास में पानी है। पानी है।

b. मेज़ मेज पर किताब है। किताब है।

c. खिड़कियों खिड़कियों पर परदें नहीं है। परदें नहीं है।

d. पौधों पौधों पर फूल हैं। फूल है।

e. फूलों फूलों में खुशबू है। खुशबू है।

3. Translate the following: 다음을 힌디로 바꾸시오.

a. Today is Sunday. 오늘은 일요일이다.

आज रविवार है।

b. yesterday it was Friday. 어제는 금요일이었다.

कल शुक्रवार था।

c. Those are his book's. 그것들은 그의 책이다.

वे उसकी किताबें हैं।

d. Miss. Kim is her elder sister. 미스 김은 그녀의 언니이다.

कुमारी किम उसकी बडी बहन है।

e. They are our brothers. 그들은 우리의 형제들이다.

वे हमारे भाई हैं।

1.6 स्टेशन पर

At The Station
기차역에서

Excercise 연습문제 (p.118)

1. you have entered a hotel. What would you say when:
당신이 호텔에 들어갔을 때, 다음과 같은 상황에서 필요한 표현을 말해보시오.

a. you need a room. 방이 필요할 때
मुझे कमरा चाहिये।

b. you want to know the rent of the room.. 방 값을 물어볼 때
कमरे का किराया क्या है।

c. you want to know the location of the room. 방의 위치를 물어볼 때
कमरा कहाँ है।

d. you want to know the location of the bathroom. 화장실의 위치를 물어볼 때
रसोई घर कहाँ है।

2. How a bearer would tell you that:
다음을 힌디로 말해보시오.

a. a room is upstairs. 방은 위 층에 있습니다.
कमरा ऊपर है।।

b. the bathroom is in front of you. 화장실은 앞에 (앞으로 가면) 있습니다.
रसोई घर आपके सामने है।

c. station is very near to the hotel. 역은 호텔에서 매우 가깝습니다.
स्टेशन होटल से बहुत पास है।

3. How would you say if you want:
다음의 것들을 원할 때 표현을 말해보시오.

a. tea. 차.

मुझे चाय चाहिये।

b. coffee and two biscuits. 커피와 비스켓 2개.

मुझे कॉफी और बिस्कुट चाहिये।।

c. towel. 수건.

मुझे तौलिया चाहिये।

d. Hot water. 뜨거운 물.

मुझे गरम पानी चाहिये।

1.7 दिल्ली हवाई अड्डा

At the Air Port
공항에서

Excercise 연습문제 (p.123)

1. Fill in the blanks with choosing the appropriate words from the bracket:
괄호 안에 단어들 중 적절한 것을 골라 빈칸을 채우시오
(किसका, मेरा, उसका, में, आपका ., मेरी , आपकी),

a. यह कैमेरा किसका है?

यह कैमरा मेरा है।

b. क्या यह बैग आपकी है?

नहीं यह बैग मेरी नहीं है।

c. बैग क्या क्या है?

बैग पुस्तक पुस्तकें हैं।

2. Write equivalent words:
다음에 해당하는 힌디 단어를 쓰시오.

air port. 공항	हवाई अड्डा।
passenger 여행객	यात्री।
baggage 짐	सामान।
please open 열어주세요	कृपया खोलिए।
please see. 봐주세요	कृपया देखिए।

Part III

1.1 चाहिए मत् वाला का प्रयोग [cāhie, mat, vālā kā prayog] Use of cāhie, mat, vālā 의 쓰임

Excercise 연습문제 (p.139)

1. Fill in the blanks with the appropriate form of the words given in the brackets:
   괄호 안에 주어진 단어를 적절한 형태로 바꿔서 빈칸을 채우시오.

   Model: अब .... आराम करन चाहिए। (आप)
   अब आपको आराम करना चाहिए।

   a. हमें गाँव में मकान बनाना चाहिए। (हम)
   b. उसे अखबार पढ़ना चाहिए। (वह)
   c. तुम्हें जल्दी ऊठना चाहिए। (तुम)
   d. उनको सुबह दो मिल पैदल चलना चाहिए (वे)
   f. अब आपको नाश्ता करना चाहिए। (आपका मित्र)

2. Transform the following sentences on the patteren of the model. In the transformed sentence the verb should agree with object.
   다음 주어진 문장들을 보기와 같이 힌디로 바꾸시오. 바꾼 문장에서 동사는 반드시 목적어에 일치해야 합니다.

   Model: तुम यहाँ सिगरेट मत पीओ।
   तुम्हें यहाँ सिगरेट नहीं पीनी चाहिए।

a. तुम चिंता (f) मत करो। तुम्हें चिंता नहीं करनी चाहिये।

b. तुम शराब (f) मत पीओ। तुम्हे शराब नहीं पीनी चहिये।

c. तुम यह बात (f) उसे मत बताओ। तुम्हें यह बात उसे नहीं बतानी चाहिये।

d. तुम सामान (m) मत उठाओ। तुम्हे सामान नहीं उठाना चाहिये।

f. तुम झुठ(m) मत बोलो। तुम्हें झुठ नहीं बोलना चाहिये।

Excercise 연습문제 (p.142)

1. Translate 번역하시오.

Don't go. 가지 마라 मत जाओ ।

Don't come. 오지 마라 मत आओ।

Don't do. 하지 마라 मत करो ।

Don't cry. 울지 마라 मत रोओ।

Don't run. 뛰지 마라 मत भागो।

Don't shout. 소리치지 마라 चिल्लाओ मत।

Don't beat. 때리지 마라 मत मारो।

2. Translate the following sentences. 다음 문장들을 힌디로 바꾸시오.

a. Please do not keep this paper on the table.
부디 이 종이를 책상 위에 놓지 마세요.
कृपया यह कागज़ मेज़ पर मत रखिए।

b. Please do not enter in the room.
부디 그 방에 들어가지 마세요.

कृपया कमरे के अंदर मत आईए।

c. Do not take him with you.
그를 데려가지 마라.

कृपया उसे अपने साथ मत ले जाईए।

d. Do not put on the Television.
텔레비전 위에 놓지 마라.

कृपया टीवी मत चलाईए।

Excercise 연습문제 (p.148)

1. Transform the sentences as per the model.
문장들을 보기와 같이 바꾸시오.

Model: राजधानी एक्सप्रेस दो नंबर पर आयेगी।
राजधानी एक्सप्रेस दो नंबर पर आनेवाली है।

a. भाई साहब अभी लौटेंगे।

भाई साहब अभी लौटनेवाले हैं।

b. गाड़ी कितने बजे छुटेंगी?

गाड़ी कितने बजे छूटनेवाली है?

c. तुम कितने बजे आओगे?

तुम कितने बजे आनेवाले हो?

d. तुम कोरिया में कहाँ ठहरोगे?

तुम कोरिया में कहाँ ठहरनेवाले हो?

f. पिताजी अभी घर से निकलेंगे।

पिताजी अभी घर से निकलनेवाले हैं।

1.2 क्रिया और काल [kriyā aur kāla] Verbs and Tenses 동사와 시제

Excercise 연습문제 (p.152)

1. Fill in the blanks with appropriate Present tense forms of the following verbs. (The verb form should agree with the number, gender and person of the subject.).
다음 주어진 동사들의 적절한 현재 시제형으로 빈칸을 채우시오.(동사형은 반드시 주어의 성, 수, 인칭에 일치하여야 합니다)

उठ	जा
खेल	पी
पढ़	सो

Model: मोहन दस बजे कॉलेज .... है।
मोहन दस बजे कॉलेज जाता है।

a. रमेश शाम को मैदान में खेलता है। ।

b. मैं हिंदी अखबार पढ़ता हूँ ।

c. गीता रात को दस बजे सोती है ।

d. तुम सुबह कितने बजे उठते होऋ ।

e. क्या आप रात को शराब पीते हैं ।

Excercise 연습문제 (p.154)

1. Transform the following sentences according to the model:
다음의 문장들을 보기와 같이 바꾸시오:

Model: वह चाय पीता है।
वह चाय पीयेगा।

a. वह रेडियो सुनता है।
वह रेडियो सुनेगा।

b. हम अखबार पढ़ती हैं।
हम अखबार पढ़ेगा।

c. मैं मेदान मैं खेलता हूँ।
मैं मैदान मैं खेलूँगा।

d. बालक हँसता है।
बालक हँसेगा।

e. लड़का फिल्म देखता है।
लड़का फिल्म देखेगा।

Excercise 연습문제 (p.159)

1. Transform the following sentences in to simple past tense as per the model.
다음의 문장들을 보기와 같이 단순 과거 시제로 바꾸시오.

Model: वह रोज़ चार बजे आता है।
लेकिन आज वह चार बजे नहीं आया।

a. मीना हमेशा अशोका होटल में ठहरती है।
लेकिन इस बार वह नहीं ठहरी ।

b. चैनै जाने वाली गाडी रात को आठ बजे छुटती है।
लेकिन आज वह नहीं छुटी ।

c. पिताजी रोज सात बजे आते हैं।पर आज वे नहीं आयें ।

d. नौकर रोज समय पर नहीं आता है।पर आज वह नहीं आया ।

e. अशोक अक्सर मुझे स्टेशन पर मिलता है।
पर आज वह नहीं मिला ।

Excercise 연습문제 (p.161)

1. Transform the following sentences as per the model.
다음 문장들을 보기와 같이 바꾸시오.

Model: मोहन आज साइकिल पर गया।
मोहन आज साइकिल पर गया है।

a. नौकर सामान लाया।
नौकर सामान लाया है।

b. क्या वे आज स्कुल गये।

क्या वे आज स्कुल गये हैं?

c. तुम कौन सी गाड़ी लाये।

तुम कौन सी गाड़ी लाये हो?

d. मैं अबतक जापान नहीं गयी।

मैं अबतक जापान नहीं गयी हूँ।

e. डाक्टर अस्पताल से पाँच बजे लौटे।

डाक्टर अस्पताल से पाँच बजे लौटे हैं।

Excercise 연습문제 (p.162)

1. Transform the following sentences as per the model.
   다음 문장들을 보기와 같이 바꾸시오.

Model: मैं कल घर गया।
मैं कल घर गया था।

a. वह कल देर से सो गया।

वह कल देर से सो गया था।

b. परसों बहुत बारिश हुई।

परसों बहुत बारिश हुई थी।

c. वह बहुत भीगा।

वह बहुत भीगा था।

d. आप कल जीवन से कितने बजे मिले।

आप कल जीवन से कितने बजे मिल थे।

e. तुम कल उसके सामने क्यों हँसे।

तुम कल उसके सामने क्यों हँसे थे?

Excercise 연습문제 (p.168)

1. write the present and past continuous form of the following verbs:

Model: खाना – खा रहा हूँ।
खा रहा था।

सोना	सो रहा हूँ। सो रहा था।	रोना	रो रहा हूँ। रो रहा था।
जीना	जी रहा हूँ। जी रहा था।	पीना	पी रहा हूँ। पी रहा था।
करना	कर रहा हूँ। कर रहा था।	चलना	चल रहा हूँ। चल रहा था।
लिखना	लिख रहा हूँ। लिख रहा था।	देखना	देख रहा हूँ। देख रहा था।
हँसना	हँस रहा हूँ। हसँ रहा था।	दौडना	दौड रहा हूँ। दौड रहा था।
उठना	उठ रहा हूँ। उठ रहा था।	घूमना	घूम रहा हूँ। घूम रहा था।

2. Transfer the following sentences according to the model:
다음 주어진 동사들의 현재 진행형과 과거 진행형을 쓰시오:

Model: मैं पढ़ने गयी थी।
मैं पढ़ने जा रही हूँ।

a. तुम लिखने गये थे।

तुम लिखने जा रही हो।

b. तुम बेचने के लिये गये थे।

तुम बेचने के लिये जा रहे थे।

c. वह खरिदने गया था।

वह खरिदने जा रहा था।

d. वे नाचने के लिये गये थे।

वे नाचने के लिये जा रहे थे।

e. धोबी धोने के लिये गया था।

धोबी धोने के लिये जा रहा था।

Model: मैं जा रहा हुँ।
मैं जा रहा था।

a. धोबी कपड़े ले जा रहा है।

धोबी कपड़े ले जा रहा था।

b. नौकर दूध लाने जा रहा है।

नौकर दूध लाने जा रहा था।

c. लड़के खेल रहे हैं।

लड़के खेल रहे थे।

d. हम फ़िल्म देख रहे हैं।

हम फ़िल्म देख रहे थे।

e. पक्षी आसमान में उड़ रहे हैं।

पक्षी आसमान में उड़ रहे थे।

संदर्भ ग्रंथ

[Sandarbha grantha]

Bibliography

참고문헌

1. A primer of Modern standard Hindi – Michael C. Shapiro, Motilal Banarsidas Bunglow road, Javaharlal Nagar, Delhi 110007.

2. Outline of Hindi Grammar – R.S.McGregor, Oxford University Press Delhi.

3. A Basic Grammar of Modern Hindi, A. Sharma, Central Hindi Directorate, Ministry of Education and Social Welfare, Government of India, New Delhi.

4. Introductory course in Spoken Hindi – V .R. Jagananthan, Ujjal sin호 bahari.

5. Hindi -Rupert Snell, Simon Weigjtman, Teach Yourself Hindi

6. Learn Hindi in 30 days, National Integration Language series, Balji Publication, Chennai.

7. हिन्दी पाठमाला विदेशी विद्यार्थियों के लिए हिन्दी निदेशालय नई दिल्ली।

8. माध्यमिक हिन्दी पाठ्यपुस्तक शीला वर्मा मनोहर पब्लिशर्स अँड डिस्ट्रीब्युटर्स नई दिल्ली।

9. गहन हिन्दी शिक्षण –– ऑक्सफर्ड युनीवर्सीटी प्रेस नई दिल्ली।

10. हिन्दी रचना –– अवधनंदन दक्षिण भारत हिन्दी प्रचार सभा मद्रास।

11. मानक हिन्दी उच्चारण शिक्षण –– स हे जंग हंकुक विदेशी भाषा अध्ययन विश्वविद्यालय प्रेस सिऊल साऊथ कोरिया।

12. बेसिक हिन्दी –– ऊ जो किम –– हंकुक विदेशी भाषा अध्ययन विश्वविद्यालय प्रेस सिऊल साऊथ कोरिया।

13. हिन्दी व्याकरण – कामताप्रसाद गुरु नागरी प्रचारणी सभा वाराणसी।

14. हिन्दी रूप रचना – संपादक आचार्य जयेन्द्र व्दिवेदी लोकभारती प्रकाशन इलाहाबाद।

Online Hindi lessons

Hindi/Urdu **conversation** and practice lessons at Syracuse University. ...
faculty.maxwell.syr.edu/jishnu/**hindi**.asp

Hindi phrases : Offers basic words and phrases to have a **conversation**
www.languageshome.com/English.htm

Learn **Hindi** Language for free - Free Conversational **Hindi** Language Lessons ... there's comprehension, listening and understanding at normal **conversation** speed. ... www.phrasebase.com/learn/**hindi** **Hindi** language and culture

ONLINE COURSES. **Hindi Conversation** Lessons syllabus.syr.edu/hin/jshankar /hin101 /**hindi**.html ... **ONLINE** DICTIONARIES. Urdu-English-**Hindi** Dictionary-Thesaurus ... www.lonweb.org/ link-**hindi**

힌디어 회화 첫걸음

초판 1쇄 발행 2008년 2월 20일
초판 2쇄 발행 2011년 7월 20일

엮은이 ▪ DR. PRATIBHA MUDLIAR

펴낸이 ▪ 박 철

펴낸곳 ▪ 한국외국어대학교 출판부
130-791 서울특별시 동대문구 이문동 270
전화 : (02)2173-2495, 2496
팩스 : (02)2173-3363
홈페이지 : http://press.hufs.ac.kr
전자우편 : press@hufs.ac.kr

출판등록 ▪ 제6-6호(1969. 4. 30)

편집 · 디자인 ▪ (주)이환디앤비 (02)2254-4301

인쇄 · 제본 ▪ 동화인쇄공사 (02)719-7181

ISBN 978-89-7464-475-8 18790 정가 12,000원(mp3 CD 포함)

* 잘못된 책은 교환하여 드립니다.